NOTES

POUR SERVIR A

L'HISTOIRE ECCLÉSIASTIQUE D'ARLES

RECUEILLIES PAR

le Baron DU ROURE.

PARIS

HONORÉ CHAMPION, libraire

9, Quai Voltaire

1906.

NOTES

POUR SERVIR A

L'HISTOIRE ECCLÉSIASTIQUE D'ARLES

RECUEILLIES PAR

le Baron DU ROURE.

PARIS
HONORÉ CHAMPION, libraire
9, Quai Voltaire
1906.

NOTES

Pour servir à l'Histoire Ecclésiastique d'Arles

I

Le Chapitre

Le monde chrétien a hérité à Arles de la splendeur païenne. L'Archevêque d'Arles, métropolitain de la province Viennoise et des deux Narbonnaises, était primat des Gaules ; comme vicaire pontifical, il étendait sa juridiction sur l'Espagne. Les grandes assises ecclésiastiques réunissaient à Arles leurs conciles et les chefs du St-Empire venaient, du fond de la Germanie, s'y faire sacrer et couronner.

Cette haute situation, dont notre ville a conservé le reflet pendant tout le moyen âge, est bien connue ; mais ses détails, consignés dans les chroniques si riches de notre histoire, et dont nous possédons encore des documents originaux, remontant à plus de dix siècles, le sont beaucoup moins.

Le savant chanoine Albanès avait projeté de retracer le tableau historique de la Métropole Arlésienne dans sa *Gallia Christiana Novissima*. La mort l'a surpris, alors qu'il avait à peine ébauché son œuvre, qui a été continuée, sur une base plus large et plus conforme aux programmes de la science historique, par un savant des plus érudits. Le chanoine U. Chevalier, au lieu de faire le récit des faits, en les groupant autour d'un même personnage, a préféré publier une analyse de tous les documents réunis par M. Albanès, et en a ajouté lui-même un grand nombre qui forment, non seulement au point de vue purement ecclésiastique, mais à celui, plus général, de l'histoire d'Arles, une source d'un intérêt inappréciable. Qu'il nous soit permis, en passant, d'exprimer le regret que l'absence d'une table détaillée laisse planer un voile aussi épais sur les richesses de ce précieux cartulaire. Malgré cette lacune, cet ouvrage restera la pierre angulaire de l'histoire d'Arles, autour de laquelle viendront se grouper les recherches ultérieures. Dans les listes qui clôturent la *Gallia*, se trouve une nomenclature des dignitaires du Chapitre de la Métropole, dans laquelle figure un grand nombre de familles arlésiennes. Cette liste est des plus intéressantes à ce point de vue. Elle renferme quelques lacunes que nous complèterons dans les pages qui suivent, en y ajoutant diverses notes, qui se rattachent à notre sujet.

Nous commencerons par le récit inédit des obsèques de Jean II Ferrier, archevêque d'Arles. La date de sa mort n'avait pas été signalée jusqu'ici ; on savait seulement qu'il était décédé dans le courant de 1550 [*G. Chr. Noviss.* n° 2116].

« L'an 1550 et le 14me d'avost, a été a Dyu le Revssme archeveque d'Arles Jhan Ferrier et a este ensevely le 15me aout de Nostre Dame du moys d'avoust. A fet l'uffysse mons. l'archev. Laurans de Brunet et son dyacre mons. Gilles d'Ycare, mons. Varadyer, asystan, Ravel, conventuel, les couryers mesyres Ycard, Meyrani, de Burguo, de Cazafyllete, chanoines de le glyse de Sant Tropheme d'Arles, et a esté mys a sa chapelle et seperlure de Sant Jhan, et moy Honorat de Quiqueran, sacristen de la dicto ecglyse, ay hu pour me drois de l'enterrament et despullo, premierament tous les cyres que tent a la chapello ardanto et quatre tourchas que etent a la dicto chapelo, après avoyr selebre la dycto messo, et aussi ay hu pour la despuslo dudyt segnot R... que pourtet le jour de sont enterrement, ansamble le clars sounes a l'enterrement et chanter, florins septante, conprys le dret des tourches du chanter, et aussi ay hu vuyt lyvres de chadelos pataqualos (1) et vuyt sous d'arjant, et ausy quatre lyvres chandeles a quatre sous d'arjant,

(1) Chandelles du prix d'un patac.

au chanter. Le chanter se selebra le 30me de septanbre, l'an que desus ; fyt l'ufysse du chanter ledyt arched. ansamble diacre et supdyacre les susdys, asystan Durand... conventuel, les coroyes Meyran, de Casafyleta, Mandon, Vincens. Cujus anima requiescat in pace. Amen.

Ita est Honoratus de Quiquerano, sacrista. »

(Arch. d'Arles, GG. 70, f° 269). — Le récit ci-dessus est de la main d'Honoré de Quiqueran.

Puisque nous parlons des archevêques, relevons une erreur du n° 2034, col. 875, où il est dit qu'Eustache de Lévis, mourut à Rome, le 4 novembre 1475. Son testament fut fait à Rome, le 9 novembre 1475, devant Hervé Gueguenat [cité dans la quittance par le Chapitre, le 30 janvier 1485 (Phil. Mandon), du legs de 2.000 florins fait par l'Archevêque].

Les listes ci-dessous sont par ordre chronologique dans chacune des dignités capitulaires. La date se rapporte à celle de l'acte où figure le personnage en question et, pour permettre une vérification, nous avons indiqué, pour chacune, la source dont elle est tirée. La colonne de droite se rapporte aux indications de la *Gallia*.

Archidiacres

Jacques Rodelli, 1418-9 mars 14 (Prot. de B. Pangon).	non mentionné.
Pierre de Querelhac, 1457 novembre 14 (Pangon).	non mentionné.
Guillaume Parade, 1497 avril 20 (GG. 70, f° 47).	1499
Esprit Espitalier, 1524 août 25 (Prot. de Jean Faucher, f° 90).	non mentionné.

Archiprêtres

Etienne de Langlade, 1395 septembre 1 (Reg. d'Antoine Olivier).	1373-1393.
Isnard d'Aiguières, 1453 octobre 8 (Prot. de B. Pangon).	1420-1450.
Mathieu Ferrier, 1523 décembre 15	

(Prot. de Guill. Mandon, de 1523-25). sans date.

Aumôniers

Jean Damian, 1361 juillet 6 (Et. de Pons Rodelli). 1357.
Jean de Faiardia, 1362 janvier 31 non mentionné.
Hugues Rostang, 1392 novembre 26 (Et. d'Antoine Olivari, f° 38). non mentionné.

Capiscols

Jean Icard, 1596 octobre 24. (GG. 70, f° 278). nom. et résign. 11 janvier 1596.

Clavaires

Giraud Chaboyni, 1349 juillet 10 (Pons Rodelli, prot.) non mentionné.
Bernard Comte, 1356 septembre 21 (Et. de Pons Rodelli, f° 50), et 1361 avril 10 (ibid. Et. de 1361, f° 4). non mentionné.
Pons Girard, 1395 août 13. Il paraît, dans un acte du 28 avril précédent, sans être qualifié de *clavaire*, il était bénéficier de l'église de Carpentras. (Antoine Olivier, prot., f° 42) ; 1396-7 février 27 (ibid. Et , f° 91). non mentionné.
Jean de la Pomme, 1407 août 15 et octobre 30 (Ant. Olivier, rég. pour Boche, f°s 8 et 15). Le 26 mai 1420, il était prieur claustral de Montmajour (ibid., f° 74). 1406.
Aimeric de Ulpilhaco, 1408 avril 7 (ibid., prot., f° 10). 1407.
Germain Florens, 1413 février 23 (ibid., f° 41). Il était archidiacre de Lodève. non mentionné.
Jean Comte, 1418 mai 7 (ibid. Et , f° 1). 1414.
Pierre Bacon, 1428 octobre 29 (Ant. Olivier, Et. de 1427-29,

f° 33). Il était sacristain de l'église de Vaison. 1424.

Monet Boissard, 1431 octobre 5 (Pierre Bertrand, prot.) ; 1438 mai 13 (Pangon. prot., f° 14). 1449-1450.

Monet Boissard, 1474-5 février 21 (Phil. Mandon, prot. de 1475-77, f° 66). Il mourut peu avant le 28 mars 1475. Jean Bogardi (1), prot. 1461-1466.

Pierre Laurent, 1476 juin 24 (Phil. Mandon, prot. de 1475-77) ; 1482 mars 8 ; 1485 juin 10 (ibid. Et. de 1480-96). non mentionné.

Jean Barras *(Barrassii)*, institué le 20 octobre 1483, par Louis Cornille, official de l'Archevêque. (Phil. Mandon, prot., f° 138), paraît encore le 25 avril 1485 (ibid. Et. de 1485-86). non mentionné.

Antoine de Bozol, 1493 novembre 15 (Jacques Rohard, prot., f° 83) ; 1496 mai 23 (Gilles Candéléri, prot., f° 36). non mentionné.

Pierre Petit, 1500 janvier 27 (André Biguini) ; 1501 février 17 (ibid.). non mentionné.

Pierre Agumand, 1504 janvier 26 (A. Biguini). non mentionné.

Antoine de Biolis, 1511 novembre 12 (Jean Faucher, prot., f° 28) ; 1510 avril 26 (Jean du Puy. prot., f° 37). non mentionné.

Jean Frontaud, 1513 février 4 (Jean du Puy, prot.) ; 1517 avril 5 (Guill. Mandon, prot., f° 6). non mentionné.

Gilbert Audibert, 1518 août 9 (Guill. Mandon, prot.) ; 1522-3 mars 12 (ibid., prot.). non mentionné.

Etienne de Faye *(de Faya)*, 1517 mars 20 (Jean Faucher, prot., f° 92). non mentionné.

(1) Jean Bogardi, du diocèse de Quimper, n'a pas été mentionné jusqu'ici parmi les notaires d'Arles. — Le Protocole de 1474-75 est chez Me Martin-Raget.

Gilbert Audibert, 1519 mars 26 (Jean Faucher, prot., f° 2) ; 1523 août 6 (Guill. Mandon) ; 1524 août 13 (Jean Faucher, prot., f° 84) ; 1525 octobre 24 (Guill. Mandon) ; 1528 mars 26 (Guill. Mandon, prot.).	non mentionné.
Antoine Rousset *(Rosseti)*, 1523 décembre 14 (Guill. Mandon, prot., 1523-25).	non mentionné.
Dominique Jaquet, institué le 24 janvier 1532-3 (Jean Faucher, prot., f° 140) par Esprit Espitalier, vicaire général ; 1533 avril 10 (Bon. Velle. prot., f° 88) ; 1534 juillet 7 (ibid. prot., f° 287).	non mentionné.
Jean Cartelier, 1529 juin 15 (Jean Faucher, prot., f° 57) ; 1530 septembre 3 (ibid. prot., f° 88) ; 1535 octobre 23 (ibid. prot., f° 306).	non mentionné.
Pierre de l'Eglise, 1534 juin 1 (Bon. Velle, prot., f° 268) et novembre 2 (ibid. prot. de 1533, f° 264).	non mentionné.
Gaspard d'Autric, 1534 mai 11 (Jean Faucher, prot., f° 51).	non mentionné.
Barthélemy du Bois, 1541 octobre 5 (Thomas Faucher, prot., f° 115).	non mentionné.
Antoine Petreti, 1544 avril 27 (Martin Gonzoni. prot., f° 26).	non mentionné.
Antoine Platon. 1545 novembre 14 (ibid. prot., f° 219).	non mentionné.
Antoine Place, 1549 avril 26 (Etienne Ambrosi, brouillard, f° 42).	avant 1550.

Infirmiers

Bernard Comte, 1361 avril 10 (Pons Rodelli, Et., f° 4). Démissionne en faveur du suivant.	1357.
Jean Damian, institué 1361-2 février 10 (ibid.), était en même	

temps curé de Rognac ; ses lettres de nomination sont du 31 janvier 1362. Voir aux pièces justificatives. 1365.

Guigues Olivier, 1423 décembre 11 (Ant. Olivier. Et., f° 36) ; 1452 septembre 25 (Pangon, prot., f° 71). 1426-1440.

Bertrand de Atassio, 1473 juin 28 (Pangon. prot.). non mentionné.

Sixte Espérandieu. 1481 septembre 10 (Jacques Rohard. prot., f° 16) ; 1488 août 11 (Phil. Mandon, prot.) 1485.

Officiaux

Golférius (de Rouffignac), abbé de Saint-Etienne des Vaux, 1356 mai 15 (Pons Rodelli. Et., f° 64). non mentionné.

Jean de Lacinolio, 1361 avril 10 (Pons Rodelli, Et., f° 4). non mentionné.

Simon de Villate. 1361 novembre 29 (ibid., f° 137). 1362.

Bertrand de Montclar, 1374 février 6 (Bern. de Pomareda, rég. f° 24). non mentionné.

Etienne de Langlade, vice-official. 1376 octobre 11 (Jacques Bertrand, Et.). non mentionné.

Giraud Charval. 1394 novembre 2 (Ant. Olivier Et. f° 13). 1395-6.

Guillaume Brun, 1418 mai 27 (ibid., Et , f° 2). non mentionné.

Etienne de Vellay. 1419 novembre 23 (Ant. Olivier, Et., f° 23). 1420-24.

Guillaume Blégier, 1455 décembre 9 (Yves Rosselli). 1438, 1450-51.

Louis Cornille, 1466 juin 8 (Pangon) ; 1469 décembre 12 (Guill. Souleri). 1478-83.

Placide de Ranaldis, nommé, 1490 mars 27, par Marc Bouchard, vicaire général (Phil. Mandon, prot. 1490 1, f° 2). non mentionné.

Jacques Dragacio, nommé par lettres du 18 mai 1490, données à Rome par l'archevêque Nicolas Cibo. (Arch. d'Arles, GG. 71, f° 2).	1497.
Marc Bouchard, nommé par lettres du 9 mars 1491 (A. Biguini).	non mentionné.
Elzéar Hippolyte, nommé par lettres du 16 octobre 1499 (ibid.).	non mentionné.
Renaud de Richau, 1520-1 février 12 (Jean Faucher, prot., f° 144)	non mentionné.
Antoine Gilbert, 1532 décembre 17 (Jean Faucher, prot., f° 98).	1521.
Esprit Espitalier, 1534 février 11 (Bon. Velle, prot., f° 85).	non mentionné.
Etienne-François de Gérard. 1667 mai 1 (Arch. d'Arles, GG. 70, f° 206).	1670.

Ouvriers

Guillaume Limousin, 1420 février 3 (Ant. Olivier, Et. de 1419, f° 32).	1410.

Précenteurs

Raimond Léautaud, 1361 juillet 6 (Pons Rodelli).	1359.
Pierre du Bois, 1377 août 3 (Jacques Bertrand).	1373-74.
Perégrin Blanc, 1390 décembre 1 (Ant. Olivier, prot., f° 69); 1392-3 janvier 6 (ibid. Et, f° 112).	non mentionné.
Pierre Davin, 1404 mai 14 (Ant. Olivier, Et., f° 51).	1402, 1405 1413.
Guillaume Limousin, 1431 septembre 21 (Pangon, prot., f° 63).	1422-1426.
Jean Olivier, 1433 mai 4 (Pangon, prot. de 1432. f° 82) ; 1451 octobre 29 (ibid. prot., f° 92) ; 1453 octobre 8 (ibid. prot.).	1434-48, 1455.
Antoine Escudier *dit* Pierre, 1450 octobre 16 (Pangon, prot., f° 115) ; 1473 septembre 7 (Pangon, prot., f° 99).	1460-68.

Girard Faucher, 1475 août 27 (Phil. Mandon, prot., f° 18). 1485-93.

Jacques Julianet, nommé le 5 juillet 1494, par Jérôme Raymond, archidiacre, lieutenant du vicaire général (1), en la charge vacante par le décès de Girard Faucher. Julianet testa, étant précenteur, le 2 juin 1507 (Jean Daugières, prot., f° 87), en faveur du Chapitre. 1499.

Antoine du Chatel *(de Castro)*, 1529-30 février 11 (Guill. Mandon, prot.). Il était vice-gérant de la chambre apostolique d'Avignon. 1535 septembre 4 (Jean Faucher, prot., f° 235). 1521-27.

Prieurs claustraux

Guillaume Monge, 1387 juillet 22 (Ant. Olivier, prot.). 1392.

Hugues Rostang, 1394 avril 24 (Ant. Olivier, prot., f° 6). 1393.

Hugues Astoaud, 1395 juin 17 (ibid. Et., f° 37). non mentionné.

Guillaume Glause, 1395 septembre 1 (id. ibid.). non mentionné.

Hugues Astoaud, 1396 novembre 11 (ibid. prot., f° 104). non mentionné.

Raimond Augier, 1406 avril 26 (ibid. Et., f° 6). 1410.

Hugues Rostang, 1410 juin 10 (ibid. Et., f° 5). non mentionné.

(1) Il y avait, paraît-il, des contestations dans le Chapitre au sujet de cette charge qui, à cette époque, se confondait avec celle de *capiscol*. On trouve, en effet, au f° 36 du prot. de Phil. Mandon, la nomination faite, le même jour, d'Octon Fiquet, official, par Claude Ymbert, lieutenant du vicaire général. Et, à cette même date, Antoine de Bozol notifia à l'archidiacre Jérôme Raymond qu'il cessât de se considérer comme lieutenant du vicaire général. Cette notification ne paraît pas avoir eu grande valeur, puisque ledit archidiacre fit, en cette qualité, l'installation de Jacques Julianet qui fut mis en possession le même jour. « *Actum in capite carrerie Calate, ubi ipse archidiaconus moram et residenciam faciebat.* »

Guillaume Limousin, 1417 octobre 15 (ibid. Et., f° 10).	non mentionné.
Jean Mongerii (*ou* Mugnerii *ou* Monerii ?) 1426 octobre 11 (ibid. Et. de 1425-6, f° 53).	1434.
Gilles de Langlade, 1427 octobre 5 (Pangon, prot.).	non mentionné.
Jean Monier (*Monerii*, probablement le même que ci-dessus), 1446 mai 5 (Pangon, prot.).	1434.
Emmanuel Dono, 1453 juin 11 (Nic. Rohard, prot., f° 24). Il était prieur du Vernègue.	non mentionné
Antoine Escudier *dit* Pierre, 1453 octobre 8 (Pangon, prot.).	sans date.
Pierre Dieuloufet, 1447 septembre 22 (Pangon, prot.). Il était prieur de Marignane, 1449 avril 28 (ibid. prot., f° 9).	1455.
Guillaume Monier, 1459 octobre 16 (ibid. prot., f° 115).	non mentionné.
Etienne Robert, 1465-6 mars 14 (Pangon, prot.). Il était prieur de l'église Saint-Martin d'Arles.	Il est appelé par erreur *Antoine* au lieu d'*Etienne*.
Girard Faucher, 1468 décembre 2 (ibid.); 1474-5 mars 22 (Phil. Mandon, prot., f° 82).	non mentionné.
Jean Monge, 1476 août 27 (Pangon).	non mentionné.
Nicolas Goeric, 1481 mars 26 (Jean Rohard, prot., f° 1) (1) ; 1489 septembre 2 (Phil. Mandon, prot., f° 171).	1485.
Jacques Jullien, 1484-5 février 2 (Phil. Mandon, prot., f° 107).	non mentionné.

(1) Il paraît dans un acte du 17 février précédent (Phil. Mandon), sans la qualification de *prieur claustral* ; item, le 20 avril 1497 (Arch. d'Arles, GG. 70 f° 47).

Primiciers

Sixte Espérandieu, 1500 février 13 (Arch. d'Arles, GG. 70, f° 3).	1493
Pierre Corenhe, 1506 janvier 10 (André Biguini) ; 1512 avril 22 (Jean Faucher, prot., f° 45) ; 1519 juin 18 (ibid. prot., f° 29).	1508.
Antoine Gilbert, 1529 décembre 17 (Guill. Mandon, prot. de 1528-9) ; 1532 décembre 17 (Jean Faucher, prot., f° 98).	avant 1561. 1569.

Procureurs fiscaux

Bernard Comte, 1361 avril 10 (Pons Rodelli, Et., f° 4).	non mentionné.
Raimond Raymond, 1392 novembre 3 (Ant. Olivier, Et., f° 38).	non mentionné.
Jean Pontier, 1410 juillet 9 (ibid. Et., f° 10).	non mentionné.
Thomas de Bourgogne, 1413 février 23 (ibid. Et. de 1412, f° 41).	1412.
Pierre Sanchol, dit Artige, 1418 juin 18 (ibid. Et., f° 9) ; 1419 novembre 23 (ibid. Et., f° 23).	non mentionné.
Jean Marquis, chanoine de Pignans, diocèse de Fréjus, 1424 février 16 (ibid., Et. de 1423-24, f° 14).	non mentionné.
Guillaume Blégier, 1424 novembre 21 (ibid., f° 131).	non mentionné.
Bonhomme de Morances, 1462 septembre 21 (Phil. Mandon, prot. de 1477-78, f° 135).	non mentionné.
Jean Estienne, 1478 septembre 21 (Phil. Mandon, prot. de 1477-78, f° 135).	non mentionné
Jean de Pomayrols, 1489 août 7 (ibid. prot., f° 60). Il fait ce jour la division d'un dauphin pêché dans le Rhône entre l'archevêque,	

les héritiers de feu Jean de Porcelet et l'abbesse de St-Césaire.	non mentionné.
Claude Sigaud, 1527 décembre 29 (Jean Faucher, prot., f° 180).	non mentionné.

Sacristains

Bernard Comte, 1361-2 mars 1 (Pons Rodelli, Et., f° 99).	1367, 1374.
Jean Blanc, 1397 septembre 26 (Ant. Olivier, Et., f° 26).	1393.
Guillaume Glause lègue tous ses biens, par testament du 18 juin 1429 (ibid. Et., f° 54), aux anniversaires propres du Chapitre.	1402-26.
Pierre Sanchol dit Artige, 1429 août 22 (Pierre Bertrand, f° 23). Il était prieur de Saint-Martin et Saint Pierre de Pesulo.	1433-4, 1434.
Bertrand Grasset, 1446 mai 5 (Pangon, prot.).	1449-55.
Pierre Dieuloufet, 1459 octobre 16 (ibid. prot., f° 115).	1460.
Guillaume Monier. 1483 août 29 (Jean Rohard, prot., f° 55).	1484-1497.
Louis Manuel, 1511 octobre 3 (Jean Faucher, prot., f° 18). Il était frère du notaire Jean Manuel.	non mentionné
Jean de Pomayrols vivait encore le 23 mai 1515 (Arch. d'Arles, GG. 70, f° 237) et mourut avant le 14 juin suivant (Jean du Puy, prot.).	1497-1508.
Pierre Raynaud, 1528 mars 6 (Jean du Puy, prot., f° 139). Dans cet acte, il porte le prénom d'*Antoine*.	1524-1530.

Théologaux

Charles Alazard, 1632 septembre 8 (Arch. d'Arles, GG. 70, f° 206).	1647-1655.

Vestiaires

Jacques des Pennes, 1408 mars 30 (Ant. Olivier). Il n'avait pas encore reçu ses bulles ; il devint plus tard prieur de Lansac (1419) et prévôt du Chapitre (1421). Une partie de sa maison devint l'Hôtel de Ville. 1410-21.

Elzéar Chapus, encore en fonction le 29 mai 1447 (Pangon). 1434-35.

Barthélemy Comolet, 1426 octobre 11 (ibid. Et., f° 53). non mentionné.

Elzéar Chapus, possessioné le 26 janvier 1430 (ibid Et., f° 56), 1447 mai 9 (Pangon, prot.). Il était alors prieur de Lansac. 1434-35.

Guillaume Blégier, 1474 octobre 23 (Phil. Mandon, prot., f° 45). Il était sacristain de l'église de Vaison, et prieur de Lansac et Saint-Jean du Grès (annexés à la vestiairie). non mentionné.

Guillaume Monier, 1477 novembre 5 (ibid. prot., f° 51). 1479.

Vicaires Généraux et Capitulaires

Simon de Villate, 1361 novembre 29 (Pons Rodelli, Et, f° 137). 1362-69.

Bertrand de Montclar, 1374 5 février 9 ; 1379 septembre 29 (Bern. de Pomarede, Et. de 1373-87). non mentionné.

Hugues de Boisverd (*de Boscoviridi*), 1387 novembre 28 (Ant. Olivier. prot.). non mentionné.

Géraud Charval, 1394 novembre 2 (ibid. Et., f° 13). 1395-96.

Jean Denys, 1418 octobre 25 (ibid. Et., f° 28). 1419.

Jean des Bois *(de Nemoribus)*,

1423 juin 26 (ibid. Et. de 1423-4, f° 17). non mentionné.

Robert de Saint-Marc, 1446 septembre 1 (G. Raymond, prot., f° 163). non mentionné.

Guillaume Blégier, 1455 décembre 9 (Yves Rosselli). 1450-54.

Antoine Guiramand, nommé par lettres du 16 mars 1476, de l'archevêque Eustache de Lévis, données à Borut (?) en Forez (Ph. Mandon, Et. de 1480-96). 1474-83.

Marc Bouchard nomme comme substitut Placide de Ranaldis, docteur en décrets, par lettres du 27 mars 1490 (Phil. Mandon, prot., f° 2). Le dernier acte de celui-ci, comme vicaire général, fut l'autorisation donnée aux FF. Prêcheurs, le 19 mai 1490, de faire une procession le lendemain (id. ibid., f° 30). Marc Bouchard figure encore comme vicaire général le 28 mai 1491 (id. ibid , f° 182). 1489.

Jacques Dragacio, nommé par lettres de l'archevêque Nicolas Cibo, données à Rome le 18 mai 1490 (Arch. d'Arles, GG. 71, f° 2). Otton Fiquet, indiqué comme vicaire général, n'était que son subrogé, par lettres dudit Dragacio, données à Salon, le 18 novembre 1493. Otton Fiquet nomma, pour le remplacer, Jean Monge, chanoine d'Arles, par lettres du 6 juillet 1494 (ibid., f°s 15, 77 et 83). 1490.

Elzéar Hippolyte, nommé par lettres du 16 octobre 1499, (A. Biguini) possessioné le 12 novembre suivant (Arch. d'Arles, GG. 70, f° 15). Ledit jour, il substitua en son office Jean Monge, et partit 1492-1497.

non mentionné.

pour Rome, où il mourut peu après ; il était remplacé, dès le 27 juin 1500, par Gentil Carlenus (1). — 1501.

Pierre de la Coste, 1507 janvier 3 (Daugières, prot., f° 5) Ledit jour, il substitue Guillaume Parade, chanoine et archidiacre d'Arles, révoqua peu après cette substitution et nomma, à sa place, le 3 février suivant, Louis Samson dit Malcane, chanoine. Il reparaît le 26 août 1511 (Jean Giraud, Et. A). — non mentionné.

Pierre Vincent, 1513 septembre 25 (Arch. d'Arles, GG. 70, f° 36). Il était, en 1504, chanoine et official de Salon (id. ibid., f° 49). — non mentionné.

Raynaud de Richau, 1520-1 février 12 (Jean Faucher). — 7 novembre 1521.

Pierre Vincent, 1523 avril 15 (Guill. Mandon) ; 1525 octobre 30 (ibid.). Dans l'intervalle, Antoine Rousset, clavaire, paraît comme vicaire général, le 14 décembre 1523 (ibid.). — non mentionné.

Antoine Gilbert, 1525-6 février 18 (ibid.) ; 1532 décembre 17 (Jean Faucher, prot , f° 98). Il était en même temps primicier et official. — 1521, 1551.

Esprit Espitalier, 1532-3, janvier 24 (ibid., f° 140). — non mentionné.

Etienne-François de Gérard, 1667 mai 1 (GG. 70). — 1670.

Ici s'arrêtent nos additions aux tables chronologiques de la *Gallia* Elles seraient plus complètes si nous avions pu consulter les registres des Délibérations du Chapitre, qui existent encore en partie, mais il nous a été impossible d'en avoir communication.

(1) Le récit détaillé de son installation nous a paru assez intéressant pour être reproduit ci-après.

PIÈCES JUSTIFICATIVES

I

Lettre de nomination de Jean Damian, à l'Infirmerie du Chapitre d'Arles (1362).

Guillelmus, permissione divina, sancte Arelatensis ecclesie archiepiscopus et princeps, dilecto nobis in Xto religioso viro Johanni Damiani, canonico predicte nostre Arelatensis ecclesie, salutem in Deo sempiternam. Religionis zelus, vite ac morum honestas et alia in te vigentia dona virtutum, probitatis quoque et virtutum tuarum merita, quibus personam tuam juvari percepimus, nos inducunt ut tibi reddamur ad gratiam liberales. Cum itaque tu per te ipsum, prioratum ecclesie Sancti Jacobi de Alvernico cum cura, et religiosus vir Bernardus Comitis, (1) predicte nostre Arelatensis ecclesie. per se ipsum, infirmariam predicte nostre Arelatensis ecclesie et beneficium seu prioratum cum cura de Roynhaco nostre diocesis, per canonicos predicte nostre ecclesie solitos gubernari, ab eadem nostra Arelatensis ecclesia dependentes, quos tunc temporis obtinebatis, desiderantes illos, ex certis causis rationalibus que vestrum movere dicebantur animum, invicem permutare, in manibus nostris, ex causa permutationis faciende et non alias, cum omnibus suis juribus et pertinentiis universis duxistis

(1) C'est à sa réquisition que fut faite, le 10 avril 1361, une copie de la bulle d'or de Frédéric II, du mois d'août 1230, confirmant en faveur de l'église d'Arles un privilège antérieur de l'empereur Frédéric I, donné à Arles, le jour de son couronnement, le 30 juillet 1178. Ce vidimus a une certaine importance, parce que le privilège de 1230 ne paraît plus exister dans le recueil des chartes de l'Archevêché d'Arles, et que, dans les préliminaires qui accompagnent la copie, il y a une description minutieuse du sceau en or de l'empereur.

libere resignandos. Nosque hujusdem resignationis, recepto prius a te et predicto Bernardo Comitis, ad sancta Dei evangelia. corporali juramento quod nulla fraus, dolus, symonia vel alia paccio illicita intervenerunt, auctoritate nostra ordinaria recepimus et eas ex causa permutationis faciende, et non alias, libere duximus adnuendas. Eapropter predictos infirmariam dicte nostre Arelatensis ecclesie et beneficium seu prioratum perrochialis ecclesie de Roynhaco, quos dictus Bernardus Comitis ante hujusdem resignationem obtinebat, per predictam resignationem de eis in manibus nostris, ut premittitur, factam, liberos et vacantes, quarum collatio et provisio ad nos hac vice pleno jure noscitur pertinere, dictorum tuorum intuytu meritorum tibi conferimus et de eisdem, cum omnibus suis juribus et pertinentiis universis, tenore presencium, providemus teque per nostri anuli traditionem de eisdem, cum dictis suis juribus universis presencialiter investimus, curamque animarum que dicto prioratui de Roynhaco iminet et reliquiarum ejusdem tibi comitimus per presentes. Nolentes etiam nec intendentes propterea juri, si quod habet cappitulum predicte nostre ecclesie in premissis, vel alteri premissorum, quomodolibet derogare, quod jus hujusdem protinus eidem cappitulo spectare potest et debet, eidem tenore presentium reservavimus, salvo semper tamen et retento in premissis juri nostro et quolibet alieno. Mandantes nichilominus et tenore presentium comitentes religiosis viris Hugoni Malafayda, vestiario, et Johanni de Faiardia (1), helemosinario, Poncio de Cabannis, canonico predicte nostre Arelatensis ecclesie (2), ac Bernardo de la Selva, presbitero, sigillifero curie nostre Arelatis, Jacobo Garnerii, presbitero loci de Berra et capellano curato ecclesie parrochialis ejusdem loci de Berra, predicte nostre diocesis, et eorum cuillibet in solidum, ut te vel procuratorem tuum, ad hoc per te legitime constitutum, in realem et corporalem possessionem predictorum infirmarie et prioratus de Roynhaco

(1) Il était en même temps prieur de Saint-Michel de la Cape.

(2) Pons de Cabanes était prieur de Saint-Laurent d'Arles : il devint plus tard précenteur.

juriumque et pertinentiarum ipsorum et cujuslibet eorumdem inducant, auctoritate nostra, et deffendant inductum, amoto ab eis et eorum quolibet quolibet detentore, tibique vel dicto tuo procuratori, pro te et tuo nomine, faciant de ipsorum infirmarie et prioratus et ipsorum cujuslibet fructibus, redditibus, proventibus, juribus et obventionibus universis plene et integre responderi. Contradictores vero quoslibet et rebelles per censuram ecclesiasticam debite compescendo. Volumus tamen et, tenore presentium, declaramus hujusdem resignationes supradictas, in casu quo vel dicto Bernardo Comitis predicta beneficia, per vos superius resignata, ante eamdem resignationem, de jure forsitan non spectassent, nullas fore et nullius roboris vel momenti, sicut nunquam essent facte. In cujus rei testimonium, presentes litteras, manu nostra propria subscriptas, per notarium publicum infrascriptum scribi et publicari mandavimus nostrique sigilli, una cum signo et subscriptione predicti notarii infrascripti, fecimus appensione communiri. Acta fuerunt hec Arelate, infra palatium nostrum archiepiscopale, videlicet in camera nostra secreta, die ultima mensis Januarii anno a nat. dni. MCCCLXII, XV indictionis, pontificatus sanctissimi in Xto patris et dni. nostri dni. Innocentii, divina providencia pape sexti, anno decimo, presentibus venerabilibus viris dnis. Oliverio Gaydelli, archidiacono Ste Ranen... in ecclesia Ulixbonensi (1), Johanne la Faiardia, canonico Arelatis, et Johanne de Campanhaco ac Bertrando de Riciis, presbiteris beneficiatis perpetuis in diocesi Arelatis, et pluribus aliis testibus ad premissa vocatis specialiter et rogatis. Et ego Johannes Aubrieti (2), de Mandris, Lingonensis diocesis, publicus, apostolica et imperiali auctoritate, notarius, premissis resignationibus, provisionibus, investituris et omnibus aliis

(1) Olivier Gaydelli était non seulement archidiacre de l'église de Lisbonne, mais aussi archidiacre de Taillebourg, au diocèse de Saintes. Ces dignités lui venaient de ce qu'il était peut-être déjà auprès d'Etienne de la Garde, frère de Guillaume, lorsque le premier fut nommé à l'évêché de Lisbonne (1344), puis à l'évêché de Saintes (1348).

(2) Cf. *Gallia Christ. Noviss.* ARLES, n° 3300 et n° 1621, où il est appelé *Johannes Ambricus.*

et singulis suprascriptis dum, sicut premittitur, agerentur et fierent, una cum prenominatis testibus, presens interfui, eaque omnia et singula in hanc formam publicam reddegi ac signo meo consueto signavi, rogatus et requisitus in testimonium premissorum. Et obmissiones, videlicet : Poncio de Cabannis, canonico, Jacobo Garnerii, presbitero loci de Berra et cappellano curato ecclesie parrochialis ejusdem loci de Berra, predicte nostre diocesis, superius per me, non vicio set errore, obmissis, approbo et per quoscumque approbari volo. — (Copie aux archives de Barbegal).

II

Note sur Guillaume Monge, Infirmier du Chapitre

Clemens episcopus etc. Dilecto filio Guillelmo Monachi, infirmario ecclesie Arelatensis, ordinis Sancti Augustini, salutem et apostolicam benedictionem. Religionis zelus, vite ac morum honestas, etc. dudum siquidem omnia officia ceteraque beneficia ecclesiastica, secularia et regularia, cum cura et sine cura, quorumcumque sedis apostolice capitulorum, tunc vaccantia et inantea vaccantura collationi et dispositioni nostre reservavimus etc. Cum itaque post modum, officium infirmarie ecclesie Arelatensis, ordinis Sancti Augustini, quod condam Bernardus Comitis, ipsius ecclesie infirmarius, dicte sedis capellanus, dum viveret, obtinebat, per ipsius Bernardi obitum, qui extra Romanam ecclesiam diem clausit extremum, vaccaverit et vaccare noscatur ad presens etc. Nos volentes tibi, premissorum meritorum tuorum intuitu, necnon consideratione carissime in Xto filie nostre Marie regine Sicilie illustris, pro te, dilecto suo, nobis humiliter supplicantis, gratiam facere specialem, predictum officium, ad quod non consuevit quis per electionem assumi, consuetum per canonicas dicte ecclesie, cujus canonicus existis, gubernari sic vaccans, etiam si curam habeat animarum et dispositioni apostolice specialiter vel alias generabiliter reservatum existat, cum sibi annexis ac omnibus aliis juribus et pertinenciis suis, apostolica tibi auctoritate conferimus et de illo etiam providemus etc. Datum

Avinione, VII Kalendas octobris, pontificatus nostri anno quinto decimo (25 septembre 1393).

Suivent les lettres aux prévots de Marseille et Saint-André de Grenoble, et à l'official d'Avignon, leur ordonnant la mise en possession de l'office (1).

Le prévot de Marseille Jean de Boniface, empêché, délégua ses pouvoirs aux divers ecclesiastiques des corps constitués, avec ordre de procéder à la mise en possession, si l'un d'eux en était régulièrement requis. Sur le vu de cette délégation, Guillaume Monge s'adressa, le 3 novembre, à André Saladin, docteur en décrets, prieur de Saint-Nazaire des Gardies, ordre de Cluny, qui chargea Hugues Rostan, prieur claustral, de réunir le chapitre, ce qui fut fait aussitôt, et l'assemblée capitulaire reçut Guillaume Monge comme infirmier et lui assigna sa place dans le chœur.

La chose n'alla pas aussi simplement lorsque André Saladin, accompagnant le nouvel élu, voulut l'introduire dans la maison qui lui était destinée. Le concierge de l'immeuble, un certain Tranchemontagne, déclara ne pas connaître le nouveau titulaire ni son introducteur et, l'épée à la main, s'opposa, malgré les menaces d'excommunication, à le laisser prendre possession du logement. Il demanda une expédition en forme des bulles de nomination et des pouvoirs en vertu desquel on prétendait avoir le droit de pénétrer dans la maison. André Saladin, accompagné du chapitre et du notaire, eut beau certifier l'authenticité de sa mission, le nouveau cerbère ne voulut rien écouter et leur ferma la porte au nez. Force fut de faire copier et signifier les pièces à ce gardien récalcitrant, et le lendemain 4 novembre, les susdits se representèrent devant la porte de l'infirmerie, Tranchemontagne leur ouvrit et déclara qu'ayant examiné toute l'affaire, la nuit précédente, « *dixit habuisse suum consilium nocte jam lapsa* », il ne voyait pas d'inconvénient à les laisser entrer (2).

(1) Reg. de 1393 d'Antoine Olivier not. d'Arles, f° 23.
(2) Rég. d'Ant. Olivier, f° 21 et 33.

La dernière formalité consistait à se présenter devant le baile ou distributeur des prébendes, et Guillaume Monge, sous la conduite d'André Saladin, se rendit auprès de Raimond Salvan, prêtre, chargé de la distribution quotidienne du pain, du vin et de l'argent auxquels les chanoines avaient droit, et qui logeait dans une maison du chapitre, dite Tahuc. L'économe ne fit aucune difficulté pour reconnaître le nouveau titulaire et Guillaume Monge put enfin jouir paisiblement de sa nouvelle dignité, qu'il ne conserva d'ailleurs pas longtemps, car le malheureux chanoine après avoir eu de la peine à entrer chez lui, fut promptement chassé de son domicile.

Son poste fut convoité par un puissant prélat Bertrand de Chanac. Ce dernier était docteur ès lois, et chanoine de l'église de Poitiers, puis fut successivement archevêque de Bourges, administrateur de l'évêché du Puy, et patriarche de Jérusalem, cardinal du titre de Sainte-Pudentienne, le 12 juillet 1385 (1). Guillaume Monge essaya bien de défendre sa prébende, mais son adversaire le fit excommunier, ce qui coupa court à toute résistance ; il chercha à transiger et constitua procureur à cet effet, le 15 décembre 1394 ; ce fut en vain, ruiné par les frais de procédure, il dut, le 26 du dit mois, non seulement résigner son bénéfice, mais fut même obligé d'abandonner les revenus de son prieuré de Saint-Vincent de Chanoys, à Giraud Charval, official de l'archevêque d'Arles, procureur du cardinal. Le 19 janvier suivant, il n'avait pu encore faire lever l'excommunication et l'interdit dont il était frappé (2).

(1) Bertrand de Chanac mourut le 21 mai 1401, et non en 1404, comme le prétend Baluze. Cf. Eubel, *Hierarchia*, p. 44.

(2) Rég. d'Ant. Olivier de 1394 fos 23, 27, 35.

III

Installation de Jean de Pomayrols comme sacristain.

Anno 1497 et die 20 aprilis, ego Johannes de Pomayrolis fui missus in possessionem sacristie, ex causa permutationis facte de prioratu Sancti Mauricii Arelatis cum venerabili et egregio Guillelmo Monnerii, canonico. Die vero sequenti, in capitulo, ubi fuerunt presentes Guilhermus Parade, archidiaconus, Jacobus Juliani, precentor, Sixtonus Sperandei, primicerius, Nicolaus Goerici et Petrus Corenhe, presentavi et obtuli eisdem claves sacristie.

(Arch. d'Arles, GG. 70, f° 47.)

IV

Installation d'Elzéar Hippolyte comme vicaire général de l'Archevêque.

Anno dni. M° IIIc I XXXXIX et die lune XI mensis novembris, aplicuit in presenti civitate Arelatis, Rev. pater dns. Alzearius Ypoliti, jurium doctor, in spiritualibus et temporalibus vicarius generalis Reverendissimi in Xto. patris dni. dni. Johannis Ferrarii, archiepiscopi et principis Arelatis moderni, ad causam possesionis adipiscende archiepiscopatus Arelatensis, qui, ex domo Petri Ferrerii, ubi primo se recepit, venit, eadem die, de vespere, ad sanctam ecclesiam nostram, ubi fere omnes eramus congregati, et presentavit nobis omnes provisiones suas, tam a summo pontifice quam a rege emanatas una cum literis comendaticiis dicti dni. nostri regis et Reverendissimi dni. cardinalis Sancti Petri ad Vincula, legati de latere Avinionis, et missivis a dicto Reverendissimo dno. archiepiscopo directis. Quibus omnibus per nos visis et prelectis, idem dns. vicarius verbo dixit et exposuit ea que sibi visa fuere. Quibus peractis, statutus fuit terminus ad diem crastinam, ad audiendam nostram responcionem super per eum requisitis, facta tamen ibidem aliquali responsione.

Die vero crastina, que fuit dies martis XII dicti mensis, dictis horis et missa, venit dictus dns. vicarius, associatus pluribus nobilibus et aliis de presenti civitate ac etiam exteris, ad ecclesiam, quem nos omnes canonici duximus ad capitulum. Et ibidem persistendo in sua prima requisitione, iterato requisivit ut supra. Nos autem petivimus lecturam suarum provisionum, et lecte fuerunt per mag. ... Eynesii notarium Aquensem, bulle provisionis dicti R. D. archiepiscopi et que diriguntur ad capitulum et que diriguntur ad clerum ; quibus lectis, dns. archidiaconnus fecit responsionem inter cetera continentem quod, visis et auditis provisionibus predictis, tamquam filii obedientie, recipiebamus dictum Rev. dnm. in prelatum et pastorem, faciendo eumdem vicarium jurare statuta, in manibus dicti dni. archidiaconi. Quibus peractis, duximus eum indutum superpelicio, cum manicis et capa aurea, ad ecclesiam cantando *Te Deum laudamus*, duobus intorticiis precedentibus accensis, que remanserunt sacristie. Et dum fuimus ante magnum altare, semper cantando : *Te Deum*, ipse dns. vicarius genua flexit super tapetum et carellum sibi, parata ; finito autem *Te Deum*, dns. precentor intonuit : *Alleluia. Veni Sancti Spiritus*, quem cantaverunt duo, prout cantatur in missa Sancti Spiritus. Quo cantato, duo, pueri cantaverunt versum : *Emitte Spiritum, etc.*, et responso eidem, dictus dns. vicarius dixit : *Oremus*, et postra tres orationes, videlicet : *Deus qui corda fidelium*, *Concede nos*, de Beata Maria, et aliam de Sancto Trophimo, et postea osculatus est altare, deinde dictus fuit ad cathedram archiepiscopalem in toto paratu, et ibidem sedit modicum. Et post hec omnia, ivit ad domum archiepiscopalem, ubi fecit prandium sumptuosum officiariis regiis et nobilibus et aliis multis.

In crastinum vero, fecit cantare solemne pro anima archiepiscopi novissime defuncti, et fecit prandium viris ecclesiasticis, tam presbiteris quam clericicis et pueris cori, ac eciam elemosimas omnibus de pane et vino et carnibus.

Constituit locumtenentem suum Jo. Monachi, archipresbiterum ; obiit Rome.

Egregius dns. Gentilis Carlennus fuit vicarius, constante instrumento sumpto per mag. Ectorem Sabinum, anno 1500 et die vicesima septima mensis junii.

(Arch. d'Arles, GG. 70, f° 15.)

Tout ce récit est de la main de Jean de Pomayrols, chanoine et sacristain de l'église d'Arles, témoin oculaire et participant à la cérémonie.

V

Note sur les revenus d'une charge de chanoine de la métropole d'Arles.

Les canonicats de l'église d'Arles étaient recherchés, non seulement à cause des honneurs que conférait cette dignité, mais aussi pour les revenus fort élevés qu'ils y étaient attachés.

Voici, d'après le livre de raison du chanoine Trophime Meyran, ce que rapportait une prébende vers le milieu du XVI siècle :

« Par pure resignation fayete par feu M. Jean d'Estayng (1), docteur es droys en son vivant, j'ay obtenu un canonicat et prebende a l'eglise d'Arles, duquel ay pris possession l'an 1521 et le 3 jourt de mai.

Mayntenant 1545, ledit canonicat et prebende vaut 6 payns gros tous les jours, que sont, l'an, 2190 payns gros, que payent en blé, et font le cestier de 44 payns gros, per quoy vault quarante neuf cestiers et emine et 12 payns gros.

Item vault le dit canonicat et prebende, à trois casses de vin le jourt, despuis le premier de mai jusques a la fin d'octobre, vin de Crau, et despuis le premier novembre jusques a la fin d'apuril suivant, vin de playn ; et font le barral de trente casses, au pris de deux florins la Crau, et seze souls le playn, 18 barraulx 12 casses, vin de Crau, florins 36, 9 soulz et

(1) Jean de l'Estang Parade était fils d'Honoré et de Thore Bohani ou Bon, d'Avignon. Le mariage, de ses parents avait été clandestin et ne fut légitimé que le 5 janvier 1475-6 (rég. de l'archev. d'Arles, 1464-85, f° 678). Jean fut tonsuré à Arles par Jean-André Grimaldi, évêque de Grasse, le 28 août 1487, pourvu d'un bénéfice dans l'église d'Arles, le 30 octobre 1493 et d'un canonicat, le 5 juillet 1494.

demy ; 18 barraulx 3 casses, vin de playn, 24 florins 1 gros 9 deniers (1). Le tout monte 60 florins, dix souls et ung desnier.

Item, a 2 soulz et demy par jourt, vault, l'an, ff. 76, den. 8. Vault aussi ledit canonicat et prebende, pour 52 dimanches que sont en l'an, et 37 doubles, un gros par jourt, ff. 7, gros 5.

Item, on tient chapitre le lundi et vendredi, si ne sont festes, et donne l'on ung gros per jourt cappitulier.

Item, en parti douze cens gerbes de bois de Galignan entre les dignitez et chanoynes, prenant autant l'ung que l'autre, pour rate de temps.

Item, des anniversaires fondés, qui est présent a vespres et messe prend ung gros pour anniversaire : ff. 25. » (2).

VI

Extrait des registres de la paroisse de N.-D. la Principale.

Le 16 février 1614, Mgr le Révérendissime archevêque d'Arles, nommé Gaspar de Laurens, fit la bénédiction de la première pierre de l'église neufve de madame Sainte Anne, accompagné de messieurs les dignitaires, chanoines et bénéficiers de la Sainte église d'Arles. M. le Prévost estoit M. Barthélemy Porte ; M. l'archidiacre, M. de Claret ; sacristain, M. de Bouchon ; l'archiprêtre, M. de Sabbatier ; cabiscol,

(1) On voit que le prix du vin, à cette époque, était fort élevé. Le barral étant d'environ 50 litres, et le florin valant environ 14 francs, le vin de Crau était estimé 55 à 60 fr. l'hectolitre, et le vin de plaine, moitié moins.

(2) Arch. de Barbegal. — Trophime Meyran était fils de Jacques et de Doucette Estienne. Il fut trésorier du chapitre avant 1564, testa le 6 juin 1571 et mourut le 17 dudit mois. Sa maison était à côté de celle des Clarisses, faisant l'angle de la rue d'Alamanon et de la rue de la Rive du Rhône. Il eut un fils naturel Honoré, légitimé par lettres patentes d'Henri III, données à Blois en avril 1556, et dont la descendance a subsisté à Arles, jusqu'au milieu du XVII siècle.

M. d'Icard ; primicier, M. Gilles ; trésaurier, M. Laurent Tornatoris ; chanoines, MM. Samson, Fitigneu, etc. tous en procession, où étaient M. les Viguiers, M. de Grille, de Giraud, Bonneau, Requi, etc. Il fut escrit à la pierre ce qui suit : F. d. l. S. A. l'an 1614, le 16 fébur. Gaspar de Laurens, archiepus. avec l'assistance de MM. les Consuls de la ville d'Arles, dont le tout qui est escrit. J'eus l'honneur de me trouver a une si celebre compagnie ; c'estoit le premier dimanche de quaresme. En foy de quoy, je me suis soubsigné, ce jourd'huy 17 feburier 1614, Sylvius, curé.

II

Les Clarisses

C'est du couvent de Notre Dame de Grâce de Narbonne que les dames de Sainte Claire (1) vinrent s'établir à Arles

Nous ne savons rien sur la date précise de leur installation, mais la maison d'Arles dut être une des premières de l'ordre car, dès le 24 novembre 1255, par bulles données à Latran (2), Alexandre IV recommande cette fondation à la protection du vicaire du comte de Provence. Une bulle du même pape, du 8 février 1256, donnée à Latran, subroge le couvent des Clarisses aux créanciers introuvables ou disparus des usuriers, escrocs et possesseurs de biens mal acquis, jusqu'à concurrence de 100 livres tournois, dans la province d'Arles (3). Une autre bulle datée du lendemain, recommande le couvent à la charité des fidèles (4). L'abbé Bonnemant nous a conservé copie d'une bulle du 13 du même mois, adressée à quelques notables Arlésiens, les exhortant à favoriser l'édification du monastère des Clarisses (5).

(1) Sainte Claire était née à Assise en 1193. Elle fut première abbesse de Saint Damian en 1212, mourut le 11 août 1253, et fut canonisée dès le 26 septembre 1255 (Cf. Bollandistes, II, 754). Une des premières bulles pontificales en faveur des Clarisses est celle d'Innocent IV, du 12 juillet 1247 (IV des ides de juillet, an V), déclarant que les Clarisses jouiront de tous les privilèges et droits de l'ordre des FF. Mineurs et les soumettant à l'autorité du ministre de cet ordre en Provence. « Licet olim quibusdam vestrum ». — Cette bulle fut vidimée en 1298, à Montpellier, par Raimond, évêque de Vaison, et se trouve aux arch. des B.-du-Rh. Fonds des Clarisses d'Arles; IV, n° 20 bis. Pour la bibliographie de Sainte Claire et de son ordre, voir U. Chevalier, Biobibliographie (1904), t. I, col. 935-6.

(2) Pièce justificative n° I.

(3) Pièce just. n° II. (4) Pièce just. n° III.

(5) Cf. Bib. d'Arles, ms. n° 159, p. 97, et l'article de M. Fassin dans *le Musée*, 1874.

Il ressort des rares documents de cette époque que les Clarisses furent exploitées d'une façon éhontée par des gens sans scrupules ni conscience à l'instigation, peut-être, ou tout au moins, du consentement tacite de l'archevêque d'Arles, qui ne paraît pas avoir accueilli les nouvelles venues avec une bienveillance bien marquée. On s'en convaincra en lisant le texte des bulles à ce relatives, dont nous allons donner une brève analyse.

Urbain IV leur accorda divers privilèges par quatre bulles du même jour, 1er juin 1263, données à Orvieto : il permet au monastère de recueillir les successions et libéralités des religieuses entrant dans l'ordre ; lui accorde le droit de sépulture ; déclare que tout désistement de la part des religieuses de la Roquette en faveur des usuriers, escrocs et usurpateurs serait radicalement nul et que ces derniers ne seraient pour cela, nullement libérés ; reproche à l'archevêque d'Arles de ne pas avoir pris la défense des religieuses contre ceux qui, tant laïques qu'ecclésiastiques, se sont emparés de leurs biens ou leur ont porté dommage (1). Les ordres du pape furent éludés par l'archevêque d'Arles, s'il faut en croire la *Gallia Christiana* qui cite une bulle de Clément IV, successeur d'Urbain IV, du 18 juin 1266 (2), dans laquelle, écrivant à l'évêque de Maguelonne, il se plaint des agissements de l'archevêque d'Arles vis à vis des Clarisses. Le 2 juin 1265, il écrit deux lettres datées de Pérouse, l'une à l'archevêque d'Arles, dans laquelle il lui rappelle que les dames de Sainte Marie de Grâce de Narbonne ont acheté à Arles le couvent des FF. Mineurs de la Roquette, avec l'assentiment de feu l'archevêque d'Arles; il recommande à ce prélat de se garder de toute hostilité à leur égard et d'être plein de bienveillance pour elles (3). Pour mieux assurer l'exécution de ses volontés, il mande en même temps à l'évêque de Maguelonne de maintenir lesdites reli-

(1) Pièces just. IV à VII.
(2) Fisquet l'a mal à propos datée du 18 juillet.
(3) Pièce just. VIII.

gieuses en possession de leur immeuble, malgré l'opposition de l'archevêque d'Arles (1). Une bulle du même pape, du 29 juillet 1265, donnée à Pérouse, recommande les sœurs de la Roquette à la charité des fidèles des diocèses d'Arles, Avignon et Nîmes et accorde 100 jours d'indulgence à ceux qui feront une aumône pour la reconstruction de leur couvent. Il est à supposer que ce n'est pas sans quelque raison que les FF. Mineurs abandonnèrent leur maison aux Clarisses et le mauvais état des bâtiments en fut, peut-être, la cause déterminante. En tout cas, la lettre explique que Guillemette de Saint Bonnet, vicaire, Causide de Saint Guillaume, et les autres religieuses avaient commencé à rebâtir « *de novo ceperunt construere* » (2). Le même jour, le pape accorde une nouvelle indulgence de 100 jours à ceux qui visiteront l'église de la Roquette, les jours de fête de la Vierge et de Saint François (3). Il permit ensuite aux religieuses, par bulle du 9 mars 1268, donnée à Viterbe, de faire célébrer les offices en temps d'interdit, à voix basse, huis clos, et sans sonner les cloches (4).

Le Saint Siège continue à donner des marques de sa sollicitude aux Clarisses, d'autant plus que les manœuvres frauduleuses dont elles avaient été l'objet antérieurement se continuaient encore.

Par deux bulles du 9 décembre 1272, données à Orvieto, Grégoire X enjoint à l'évêque de Carpentras de faire rentrer le monastère en possession des biens aliénés à des conditions ruineuses pour la communauté et lui ordonne de faire casser, sous peine de censures ecclésiastiques, les aliénations indûment faites des biens des religieuses ; il lui recommande aussi de contraindre à restitution, sous peine d'excommunication, les détenteurs et usurpateurs de biens du couvent (5).

Par quatre autres lettres du 20 février suivant, données à Orvieto, il prend le monastère sous sa protection spéciale et

(1) Pièce just. IX. (2) Pièce just. X. (3) Pièce just. XI. (4) Pièce just. XII. (5) Pièces just. XIII, XIV.

particulière ; lui confirme toutes les libéralités, exemptions et indulgences accordées par ses prédécesseurs ; mande à l'évêque de Maguelonne de protéger et défendre les sœurs de la Roquette contre tous troubles et injures ; confirme au monastère le droit de succession aux biens des sœurs y faisant profession (1).

Vu l'intérêt historique tout particulier que présentent les documents émanés de la chancellerie pontificale, nous avons cru devoir en publier le texte encore inédit, comme pièces justificatives, d'autant plus que le récit de la *Gallia Christiàna* à ce sujet est assez confus.

Les papes n'étaient pas seuls à favoriser les Clarisses, la protection royale s'étendait également sur elles, et la reine Sanche leur donna une somme de 100 onces d'argent (2). Elle leur écrivit de Naples, le 17 janvier de la VIIe indiction (1339), ordonnant que les procureurs du monastère emploient le reste des cent onces d'argent, qu'elle a données pour la réparation de la clôture, à la réparation des autres bâtiments ; que lesdites procureurs remettent au monastère toutes les possessions achetées de son argent ; elle dit qu'elle écrit à l'archevêque d'Arles de ne pas prélever la dîme desdites possessions acquises de son aumône (ce que l'archevêque fit effectivement) ; et qu'elle n'a jamais eu l'intention d'exiger des religieuses de ne donner l'habit qu'aux filles de la noblesse (3).

Mais les Clarisses ne jouirent pas longtemps, hélas ! des bénéfices de la libéralité royale. Le Conseil de ville à l'approche des hordes d'Arnaud de Cervole (4) et, sous prétexte de

(1) Pièces just. XV à XVIII.

(2) Et non pas 11 marcs, comme il est dit dans le *Musée ;* le marc était une mesure de poids de 8 onces. Il est très difficile de préciser quelle était la somme de richesse que représentait alors un kilogramme d'argent et à combien elle équivaudrait de nos jours.

(3) Arch. des B.-du-Rh. — Sainte Claire d'Arles, XII. n° 68.

(4) Arnaud de Cervole, périgourdain, dit l'Archiprêtre (de Vélines), chef de routiers en 1356, fut tué, entre Lyon et Mâcon, le 25 mai 1366 — Cf. pour sa bibliographie : U. Chevalier *loc. cit.*, col. 321.

lui enlever un point d'appui à proximité des remparts, ordonna de raser le monastère ; ce qui fut fait en 1359.

Les religieuses furent recueillies dans le couvent des Trinitaires et adressèrent une demande d'indemnité à la municipalité. Mais elle fut loin d'atteindre le chiffre que Jacquemin rapporte et que d'autres ont cité après lui. Voici quelques détails à ce sujet.

Par délibération du 21 juin 1360, les consuls promirent à l'abbesse Catherine Pégalier et à ses treize compagnes d'acheter pour elles un ilot de maisons, au quartier des Autanes (1), dans la paroisse Saint Laurent, et de leur donner 600 florins d'or de Florence, pour aider à leur installation et, de plus, comme sanction de la sentence d'Etienne, archevêque d'Arles, prononcée contradictoirement le 25 avril précédent (2), attendu que la ville avait profité des matériaux de l'ancien couvent, il leur fut accordé, conformément à l'expertise préalable, mille florins pour la valeur des pierres de démolition mises à profit pour la réparation, réfection et construction des murs de la ville, cent florins, pour le sable et le ciment employés à ce travail et provenant du monastère détruit, et deux cents florins, pour les bois employés aux tours *(vendesque)* et escaliers ou échelles *(gradaria)* des remparts, soit en tout treize cents florins, monnaie courante, ce qui représente environ 25 000 francs de valeur actuelle.

La Communauté était composée alors de quatorze reli-

(1) Le quartier des Autanes était au nord de la place de la Roquette, en allant vers le Rhône. Son nom est rappelé par la place « *Ulmi Autanarum* », que l'on retrouve dans de nombreux actes au XVe siècle. Il ne faut pas confondre cette *place de l'Orme* avec une autre place du même nom dite *Planet de l'Orme*, sur la paroisse Ste Croix, aujourd'hui place des Porcellets. Il y avait une troisième *place de l'Orme*, près des Arènes. — La branche des Porcellet, fixée au royaume de Naples, percevait un *quarton* sur chaque pièce de vin déchargée dans la ville d'Arles, depuis *la Trouille* jusqu'aux *Autanes*.

(2) La délibération du 21 juin 1360 et la sentence du 25 avril précédent ont été copiées par l'abbé Bonnemant. Cf. Bib. d'Arles, ms. n° 159, p. 218.

gieuses qui, pour approuver les conventions précitées avec la ville, se réunirent en assemblée capitulaire dans l'église de la Trinité, dont le ministre leur avait offert l'hospitalité. Cette assemblée capitulaire eut lieu le 29 juin 1360 et se trouve relatée dans les minutes du notaire Guichard Carbonel ; nous y relevons les noms des religieuses : Catherine Pégalier, abbesse, Claire Gayraud (1), Barthélemie Amiel, Jeanne Allemand, Joyeuse Carles, Douce de Villeneuve (2), Béatrix Aymeric, Guillemette Garin, Béatrix de Mimet, Françoise Martin, Silette Gayraud (2), Marie Icard, Jacquette Graffuere, Agathe Guache et Béatrix Baussan.

Les consuls, suivant les susdits accords, s'engagèrent à verser les treize cents florins aux Clarisses à la première réquisition de l'archevêque Etienne et, contrairement à ce que Jacquemin dit à ce propos, ils firent honneur à leur parole et s'acquittèrent peu à peu. En 1376, la ville ne restait devoir que 25 florins, dont l'abbesse Claire Gayraud donna quittance pour solde, le 25 août de ladite année (Jean Grasset, notaire) (3).

Les Clarisses n'habitèrent jamais le quartier des Autanes pour la bonne raison que, si les consuls leur payèrent l'indem-

(1) Claire et Silette ou Cécile Gayraud étaient filles de Hugues et reçurent donation de leur frère Geoffroy Gayraud le 21 janvier 1372-3 (Pierre Gayraud, not.). L'une et l'autre devinrent, dans la suite abbesses du monastère.

(2) Douce de Villeneuve appartenait probablement à la famille des sgrs. de Beauvoisin, établie à Tarascon et Beaucaire. Ce qui paraît justifier ma conjecture c'est que, le 28 octobre 1336 (Pierre de St Quentin, not. à Tarascon), Huguette de Villeneuve, religieuse de Ste Claire d'Arles, fille de feu Guillaume, damoiseau de Tarascon, passe un accord avec Rostang, son frère, au sujet d'un legs du testament de leur père. Douce de Villeneuve pourrait être nièce d'Huguette.

(3) Grosse en parchemin dans le ms. 159, p. 224 de la Bib. d'Arles. — Tout ce que dit Jacquemin : *Guide du Voyageur* p. 420 et ss. au sujet des Clarisses est inexact. Ce n'est pas Guillaume de la Garde, qui ne devint archevêque qu'un an plus tard, mais son frère Etienne qui prononça la sentence du 25 avril 1360, et dans la quittance de 1376, il n'y a pas la moindre trace d'une somme de 3300 florins payée par la ville.

nité de 1.300 flor. stipulée, rien n'indique qu'ils aient jamais mis à leur disposition le local dont il avait été question. Elles trouvèrent un refuge provisoire dans les bâtiments des Trinitaires où furent conclus, le 29 juin 1360, les accords dont nous venons de parler. Mais le ministre des Trinitaires leur signifia congé. Elles se trouvaient à nouveau sans abri, bien quelles possédassent 1/6e d'un petit immeuble au quartier de la Trouille, qui leur venait d'Antoine Alphant, époux d'Antoinette Audibert, et qu'elles vendirent, le 9 avril 1361 (Pons Rodel), à Jean Gantelme, damoiseau d'Arles. Heureusement pour elles, un gentilhomme Arlésien, Hugues Laget, leur légua, par son testament reçu, entre le 16 juin et le 2 juillet 1361 (1), par Guichard Carbonel, une maison paroisse Saint-Martin, où elles s'intâllèrent aussitôt. C'est là quelles étaient réunies, le 30 juillet 1362 (B. de Pomarède, not.), pour se concerter, en assemblée capitulaire, au sujet de la vente d'une maison. Marguerite Graille était devenue abbesse, et les religieuses n'étaient plus que onze, les autres ayant été probablement victimes de la peste de 1361. Rien n'indique qu'elles fussent mesquinement établies et dans une maison prise à rente, comme le veut Véran (2), attendu que l'immeuble leur appartenait et qu'il avait une valeur relativement considérable puisque, après avoir acheté, de Jacques Arbaud, le 8

(1) Le testament de Hugues Laget, ainsi que nous l'apprend un acte de Pons Rodel, du 2 juillet 1361, rapporté par Bonnemant (ms. n° 331 *verbo* Laget), ne put être *étendu* au régistre du notaire Guichard Carbonel malade de la peste. Il ne se trouve, par conséquent que dans les notes brèves du notaire, qui sont perdues, et nous ne pouvons en fixer la date précise. Mais il est postérieur au 16 juin de la même année, date du testament de Jean *dit* Pierre d'Arlatan, qui lègue aux Clarisses 10 florins « *quos eis solvi volo, quando ement domum pro edificando monasterium* » (G. Carbonel). Elles n'avaient donc pas encore la maison de Laget, à ce moment.

(2) Cf. *le Musée*, 1874 p. 167. — Les renseignements de Véran sont précieux comme indication, mais ont besoin, la plupart du temps, de vérification, lorsqu'on les cite comme référence ; car si Véran était bon paléographe, il comprenait imparfaitement les textes latins qu'il déchiffrait et prenait facilement le Pirée pour un homme.

octobre 1365 (Pons Rodel), une autre maison attenante, au prix de 500 florins, elles revendirent le tout 1.000 florins à Nicolas de Saint Martin, le 20 octobre 1468.

Nous n'en sommes pas au bout des pérégrinations des dames de Sainte Claire. Il est certain que le quartier leur convenait mal ; en plein ghetto juif, elles devaient être sujettes à des vexations incessantes. Aussi, lorsque Jean Raynaud, riche bourgeois d'Arles, leur substitua une maison qu'il possédait sur la paroisse Saint Laurent, elles eurent l'espoir d'être bientôt débarassées de ce gênant voisinage. Mais il y a loin de la coupe aux lèvres, et la malechance qui paraît avoir poursuivi les Clarisses, depuis leur arrivée à Arles, retarda leur déménagement pendant un demi-siècle. Pour comprendre quelles furent les circonstances qui motivèrent ce long délai, nous croyons devoir reprendre la suite des évènements d'un peu plus haut.

Jean Raynaud (1), ainsi qu'il est rappelé dans un acte du 22 septembre 1458 (Pangon, prot. f° 130), institua héritier universel Trophime son fils avec la condition que, si celui-ci décédait sans postérité légitime, sa maison d'habitation, sise paroisse Saint Laurent, reviendrait aux dames de Sainte Claire. Il s'était marié deux fois ; de sa première femme Jeanne de Lansac, il avait eu deux filles : Claire, mariée 1° à Antoine Borel, 2° à Bernard de

(1) Il ne faut pas confondre la famille bourgeoise Raynaud avec celle de Renaud, des seigneurs d'Alen. La confusion s'établirait assez facilement car, par une coïncidence singulière, les deux filles de Pierre des Pennes, Antoinette et Marguerite, épousèrent respectivement noble Jeannet de Renaud et Trophime Raynaud, fils de Jean, qui devinrent ainsi beaux-frères. Les Raynaud avaient pour armoiries : de... à un rencontre de bœuf de..., ainsi qu'elles sont représentées sur le plat du régistre de 1376-1381 du notaire Pierre Gayraud, régistre spécialement consacré aux affaires de Jean Raynaud. Renaud d'Alen portait : de gueules à 10 losanges d'or, 4, 4 et 2. Je n'ai pu trouver le testament de Jean Raynaud, mais il vivait encore le 10 mars 1390-1 (Bernard du Puy, Et. f° 100), et était décédé avant le 19 juillet suivant (Ant. Olivier), date à laquelle Jeannette Raynaud, sa fille, fut nommée tutrice de Jean et Monet de Porcellet ses fils.

Romieu, et Jeanne, mariée d'abord à Monon de Porcellet (1), puis à Pierre de Saint Martin ; de la seconde Catherine Lombard (2), il eut Trophime, son héritier. Catherine Lombard testa le 11 juin 1397 (Ant. Olivier) ; elle lègue à Catherine Monge, fille de Jacques, et à Jacquette Monge (3), religieuses de Saint Honorat à Tarascon, à Huguette d'Arlatan (4) et Marguerite de Romieu (5), religieuses de Saint Césaire à Arles, à Belindone Raynaud, sa fille, femme de Pierre Quiqueran, bourgeois d'Arles, et à leur fils Jeannon Quiqueran (6), à Favète Raynaud, son autre fille, femme de Gaucher Quiqueran, frère dudit Pierre. Elle institue héritier Trophime Raynaud, son fils. Trophime Raynaud se maria, vers 1395, avec Marguerite des Pennes, fille de Pierre, laquelle testa, à l'âge d'environ 22 ans, les 5 janvier 1397-8 et 7 mai suivant (ibid. prot. f°s 144 et 228), en faveur de sa fille Jeanne. Elle

(1) Roué vif le 16 août 1384, à Arles, sur la place du Setier, comme partisan des Tochins.

(2) Catherine Lombard était fille de Jean, bourgeois de Tarascon ; Jean Lombard était fils de Jacques et de Silette de Romieu et frère de Douce Lombard qui épousa, en premières noces, Guibert Guibert, de Tarascon, et en seconde noces, Jean *dit* Pierre d'Arlatan. Guiberte Guibert, fille du premier lit, épousa Siffroy Monge, de Tarascon, fils de feu Pierre, le 30 janvier 1356-7 (Pons Rodel). — Nous donnons ces détails pour l'intelligence des legs de Catherine Lombard.

(3) La famille bourgeoise Monge, originaire de Tarascon et qui y habitait, est différente de la famille noble Rostang, fixée à Arles, qui prit le nom de Monge et avait pour surnom *Vacca* : elle est différente aussi de la famille noble de Monge, des sgrs de Velaux, dont une branche s'est éteinte à Arles dans les fils d'Hugues Monge, sgr de Velaux, viguier en 1350, et qui testa le 5 septembre 1371.

(4) Huguette d'Arlatan était fille de Jean *dit* Pierre d'Arlatan, damoiseau d'Arles, sœur de Jean qui mourut, sans postérité, dernier de sa race, et de Jeanne, mariée à Rostang Giraud, marchand d'Avignon, qui releva le nom d'Arlatan.

(5) Fille de Bernard de Romieu et de Claire Raynaud.

(6) Jeannon ou Jean Quiqueran est le premier noble de la famille de Quiqueran. Il acheta la baronie de Beaujeu, au diocèse de Digne, et en reçut inféodation à titre de fief noble par lettre patentes du roi René, données à Naples, le 19 juillet 1440.

mourut peu après, et Trophime Raynaud se remaria à Avignon avec Raymonde de Moulinneuf, fille de noble Jean, dont il n'eut pas d'enfants. Jeanne Raynaud, sa fille du premier lit, mourut également et, par testament fait à Nîmes, le 25 juillet 1415 (Eustache Freton, not.), Trophime Raynaud, n'ayant pas d'enfants, institua héritiers sa femme et son neveu Jean de Quiqueran-Beaujeu. Il décéda peu après, de sorte que la substitution apposée au testament de Jean Raynaud était ouverte au profit des Clarisses et que la maison de la paroisse Saint Laurent leur revenait sans conteste. Mais nous apprenons par un acte du 20 juin 1419 (Bern. Passarin), que Raimonde de Moulinneuf, pour lors femme de noble Philippin de Viète, sgr de Condet en Normandie, passa un accord avec Jaumette Avignon, abbesse de Sainte Claire, au sujet de la maison en question. Raimonde et son mari obtinrent des Clarisses de conserver la jouissance de l'immeuble, moyennant une rente annuelle de 15 florins. Raimonde de Moulinneuf testa à Arles, le 20 mars 1446-7 (Pangon). Elle choisit sa sépulture en l'église Saint-Geniès d'Avignon, au tombeau de son père ; lègue à Antoinet Retronchin, son neveu, fils de feue Marie, sa sœur ; à Antoine Retronchin, docteur ès droits, d'Avignon, les cens qu'elle perçoit à Masan, Vedènes et Saint-Saturnin, substituant, pour moitié desdits droits, Alfonse Retronchin, fils d'Antoine et, pour l'autre moitié, Guillaume Marie, dit de Viète, neveu de son mari. Elle lègue aussi 500 fl. à Romaine Retronchin, fille d'Antoinet, pour lui servir de dot, et institue héritier son mari. Elle mourut peu après, car, dès le 25 octobre suivant, Philippe de Viète et Antoine Retronchin passèrent un accord au sujet de sa succession (Pangon).

Les Clarisses se disposaient à entrer enfin en possession de leur maison, mais Philippe de Viète s'y trouvait bien, sans doute, et refusa d'en sortir. C'était un personnage puissant, conseiller du roi, trésorier général en Provence, et les pauvres religieuses n'osèrent lui résister. Elles consentirent donc à proroger en sa faveur la location consentie à sa femme. Mal leur en prit, car la maison de Jean Raynaud joua, si je puis m'exprimer ainsi, le rôle du couteau de Jeannot. Philippe de Viète se remaria avec Trimonde de Cavaillon et, quand il mourut, le 13 juillet 1458, sa veuve déclara qu'elle resterait dans son habitation. Les religieuses, fortes de leur droit, portèrent leurs réclamations devant la cour de l'archevêque ; mais avant que celui-ci prononçât sa sentence, intervinrent de hautes influences. Toute la descendance de Jean Raynaud, les Saint Martin, Romieu, Hugolen, Quiqueran, Castillon, appartenant aux premières familles Arlésiennes, exercèrent une pression sur les Clarisses. Le roi René lui-même, sur les instances, sans doute, de son favori Palamède de Forbin, époux de Jeanne de Castillon, pesa dans la balance. Que pouvaient faire les malheureuses Clarisses, recrutées dans la petite bourgeoisie Arlésienne, et qui n'avaient personne à opposer à leurs redoutables adversaires ? Elles courbèrent la tête devant l'orage et passèrent un accord, le 22 septembre 1458 (Pangon, not. f° 130), par lequel Catherine Roux, leur abbesse, accorda à Trimonde de Cavaillon et à son fils Louis de Viète la jouissance de la maison, pour une année tant seulement, devant commencer à Saint-Michel prochain et se terminer à pareil jour de l'année 1459. Trimonde prit l'engagement formel et solennel « *incontinenti lapso anno predicto, et in crastinum ejusdem festi sti. Michaelis anni 1459, predictum hospicium evacuatum tradere et delliberare dicto monasterio, sine aliquali contradictione* ». C'est donc le 1er octobre 1459 que le monastère de Sainte Claire entra en possession de l'habitation de la paroisse Saint Laurent.

Cette maison nous donne l'occasion de faire quelques remarques sur la topographie de ce quartier de la ville, dont la disposition différait sensiblement, dans la seconde moitié du xve siècle, de ce qu'elle est aujourd'hui. Bien que cette digression nous éloigne, pour un instant, des Clarisses, nous demandons au lecteur la permission de lui soumettre le résultat de quelques observations inédites, recueillies au cours de nos recherches dans les minutes des notaires d'Arles.

La puissante famille d'Aiguières paraît avoir possédé, au

commencement du xve siècle, la majeure partie du terrain compris, d'une part, au nord et au sud, entre une rue dite de la Rive du Rhône (aujourd'hui disparue), longeant le fleuve, et une ruelle (également disparue), dirigée d'une façon générale, du levant au couchant, mais plus au sud que la rue Giraud actuelle (qui n'existait pas non plus que la rue du Bac) ; d'autre part, à l'est et à l'ouest, entre la rue du Portail d'Alamanon (actuellement du Bouillon, supposée prolongée à partir de la ruelle susdite jusqu'au Rhône) (1) et la rue des Meules (du Port actuellement). L'angle nord-est de ce quadrilatère, près du Rhône, appartenait aux Alamanon (2) qui donnèrent leur nom à la rue partant de la place de la Poissonnerie et aboutissant, à peu près en ligne droite, au portail dit d'Alamanon, dans les remparts de la ville. Si nous considérons le côté ouest de cette rue d'Alamanon, en partant de la place de la Poissonnerie, sur laquelle elle débouchait au sud, nous voyons que, au commencement du xve siècle, les maisons qui la bordent sont : d'abord celle des Rohard (3), qui formait l'angle, puis, en se dirigeant vers le Rhône, la maison de Guillaume Parade, qui lui venait de sa femme Marguerite de l'Estang (4), et qui se terminait par une tour, au sud de

(1) On voit une amorce de ce prolongement au-delà de la rue Giraud, sur le plan d'Arles dressé par M. Véran.

(2) Les Alamanon, d'origine féodale, sgrs. d'Alamanon (aujourd'hui Lamanon), sont connus depuis Albert qui prêta serment à Raymond Bérenger, à Tarascon, en 1146. Ils donnèrent au xiie et xiiie siècles, deux troubadours du nom de Bertrand. Imbert d'Alamanon, fils de Bertrand, sgr. d'Aureille, par inféodation du 12 avril 1289, s'établit à Arles dans les premières années du xive siècle, sa descendance finit avec Bernard d'Alamanon, qui testa en 1483, et dont les biens passèrent à sa nièce Gassenette Seguin, femme de Jean d'Adalbert, d'une famille noble de Valabrègue.

(3) Les Rohard étaient cultivateurs à Arles ; ils ont donné plusieurs générations de notaires de 1417 à 1499.

(4) Guillaume Parade, bourgeois d'Arles, épousa l'héritière de l'illustre maison de l'Estang, dont il ajouta le nom au sien. Ses descendants ont habité Arles jusqu'au milieu du xviie siècle et se sont fixés à Aix par des charges au parlement ; mais ils ont conservé, à Arles, jusqu'au milieu

laquelle venait déboucher, sous une arche, la ruelle dont nous avons parlé ; puis venait la maison de Trophime Raynaud, à laquelle succédaient divers petits immeubles qui furent achetés, peu à peu, par les Meyran (1) à partir de 1450, et enfin la maison des Alamanon. La ruelle bornait, au sud, le terrain de Trophime Raynaud et venait déboucher, au couchant, après quelques zigzags, dans la rue des Meules, en face de la rue conduisant à l'église Saint Laurent ; elle servait de séparation entre les paroisses Saint Laurent et Sainte Croix, séparation que continuait, à angle droit, la rue d'Alamanon, au levant, jusqu'à la traversée avec la rue de la Rive. Le côté sud de cette dernière, en remontant le Rhône, était sur Sainte Croix, et le côté nord sur Saint Martin (2).

D'après ce que nous venons de voir, la propriété Raynaud, dévolue aux Clarisses, était entre celle des Parade et celle qui appartint, à partir de 1450, aux Meyran ; elle s'étendait de l'est à l'ouest, de la rue d'Alamanon à la rue des Meules ; je crois, sans en avoir la certitude, que le jardin atteignait, au nord, sur une certaine partie, la rue de la Rive.

Maintenant que nous connaissons l'emplacement topographique du couvent, il sera facile de suivre les détails de la construction de leur église, qu'elles donnèrent à prix fait, pour la somme de 230 florins (environ 4.500 francs), le 7 avril 1469 (Jacques Norricier, prot. f° 6), à un maçon de Beaucaire nommé Etienne Allemand. Le projet en fut modifié, l'année suivante, mais nous indiquerons les principales caractéristiques du plan primitif. L'église devait être construite dans le jardin

du XVIIIe siècle, une maison, paroisse Sainte Croix, dans la rue qui porte leur nom.

(1) Les Meyran formaient, dès le milieu du XVe siècle, deux branches à Arles ; l'une habitait alors à l'extrémité de la rue d'Alamanon, l'autre, à l'angle de la rue des Meules et de la rue de la Poissonnerie, à l'extrémité de la diagonale du quadrilatère de maisons dont nous venons de parler ; c'est de cette dernière branche que sont issus les marquis de Lagoy.

(2) Le côté est de la rue d'Alamanon, entre la rue de la Rive et les remparts étaient occupé, par les maisons des Quiqueran-Beaujeu et de Grille.

(viridarium), du côté de la cour de Guillaume Piquet (1) et de la rue qui les séparait des hoirs de Renaud Tissier, être adossée au couvent et avoir intérieurement 8 cannes de long sur 3 1/2 de large (16 m. × 7 m.) ; les murailles devaient avoir 3 1/2 cannes (7 m.) jusqu'à la naissance de la voûte : l'emplacement désigné pour le chœur était du côté de la cour de Piquet (2) ; il devait avoir trois fenêtres à meneau de 4 1/2 palmes de largeur (environ 1 ^{m} 12), et être surmonté d'un arceau en voûte avec un croisillon. L'église aurait trois portes, l'une donnant sur la rue (d'Alamanon), en face de la maison Tissier, la seconde communiquant avec le monastère et la troisième allant à la tribune. Il devait y avoir un O *(sic)* ou verrière ronde sur l'un des pignons, au choix des religieuses, et le clocher aurait, à l'entrée *(a parte inferiori)*, l'épaisseur d'une canne, de façon qu'on pût y loger trois cloches. — Mais les Clarisses changèrent d'idée et, le 20 février de l'année suivante (Pangon, prot. f° 252), elles chargèrent le même entrepreneur de leur bâtir une église pour le prix de 354 florins (environ 7000 fr.). L'emplacement primitif était changé ; l'église devait être sur le derrière du monastère, à côté de la tour de Guillaume Parade (3) et s'étendre jusqu'à la rue (la petite ruelle). Le chœur comme dimension et hauteur, serait

(1) Guillaume Piquet, marchand originaire de Chaumont (probablement Chaumont-en-Vexin), au diocèse de Beauvais, vint, de Chateaurenard, se fixer à Arles, au milieu du xve siècle. C'est de lui que descendent les Piquet, devenus marquis de Méjanes. Sa maison était, paroisse Sainte Croix, entre la ruelle dont nous avons parlé, où la cour avait une entrée, et la rue de la Poissonnerie ; elle était contiguë à la maison Rohard. Le dernier de cette famille a fait don à la ville d'Aix de la superbe bibliothèque, qui porte son nom. Son hôtel devenu succursale de la Société Générale, ne peut plus donner qu'une faible idée de la magnificence avec laquelle il était décoré.

(2) C'est à peu près sur cet emplacement que les religieuses de la Visitation, bâtirent leur chapelle, vers 1630.

(3) Cette tour existe encore, encastrée dans la maison dite du Bouillon, en face du débouché de la rue du Bouillon sur la rue Giraud. L'escalier en est fort bien conservé et on y remarque des moulages en plâtre intéressants.

pareil à celui des Carmes ; le clocher aurait 9 palmes (2 m. 25) de largeur, 4 palmes *d'espes* pour une grosse cloche et deux petites ; du côté de la cour de Guillaume Piquet, devait se trouver un arc-boutant avec anse-à-panier, où les religieuses projetaient de faire une terrasse *(solerium)*, que le maçon se chargeait de daller en temps voulu ; il y aurait aussi une arche avec dalle, pour le tour, et quatre portes, dont une sur la rue, surmontée d'un pignon, percé d'une fenêtre, plus une fenêtre dans la tribune. Le tout devait être terminé pour Saint-Michel suivant.

N'ayant plus besoin de leur ancien couvent de la rue du Valat, les Clarisses le louèrent, le 21 avril 1463 (Pangon, prot. f° 40), pour en prendre jouissance, à partir du 1er mai suivant, pendant six ans, à Jacques de Grille, aux prix de 18 florins pour les deux premières années et 19 florins pour les quatre suivantes. Elles le vendirent ensuite, le 21 juin 1468 (ibid. prot. f° 205), au prix de mille florins et 1 gros de cens annuel, à Nicolas de Saint Martin, suivant la décision qu'elles prirent en assemblée capitulaire avant la vente. Il n'y figure que sept religieuses : Marguerite Pellan, abbesse, Quique Anselme, Raymonde Aymar, Constance Anselme, Guimete Parade, Alayssone Bernard et Marguerite de la Chapelle. L'abbesse ordonna que, pour parer à toute contestation, à l'avenir, il serait fait une mensuration exacte de l'immeuble vendu, afin d'éviter toute confusion avec la maison voisine qui appartenait déjà à l'acquéreur. Cet acte, en langue vulgaire de l'époque, est fort curieux et le lecteur le trouvera aux pièces justificatives.

Maintenant que nous avons rapidement examiné, dans les pages qui précèdent, la suite des évènements qui fixa les Clarisses dans leur installation définitive, nous ne poursuivrons pas les détails de leur histoire, qui serait sans grand intérêt. On conçoit qu'un ordre cloîtré de femmes, isolé du monde extérieur, ne peut présenter, que bien exceptionnellement, l'occasion d'un évènement, valant la peine d'être relaté. Il y aurait peut-être à parler des circonstances qui amenèrent la suppression de l'ordre à Arles, et son remplacement par une autre maison de Clarisses dites du Refuge. Mais le lecteur ne m'en voudra pas de glisser sur les causes qui conduisirent à ce résultat. La lecture du procès-verbal de la visite de l'archevêque, faite au couvent en 1623 (1), lui permettra sans peine de les deviner. Nous ferons remarquer seulement que les désordres, qui portèrent l'autorité ecclésiastique à sévir, étaient la conséquence, d'une part, de l'instabilité des Abesses et du relâchement de la discipline, qui en découlait, d'autre part, de l'état précaire de l'ordre au point de vue financier, qui mettait trop souvent les religieuses en contact avec le monde extérieur, et à la merci des dangers et des séductions qu'il comporte.

Pour terminer, je donnerai la liste, probablement inédite, des Abesses de Sainte-Claire d'Arles, avec la référence aux actes qui les citent et, sous la rubrique d'Annales de l'Ordre, le court résumé de quelques textes, rencontrés au cours de mes recherches dans les minutes des notaires d'Arles :

Liste des Abbesses (2).

I. Giraude de Millau *(de Millavo* ou *de Amilavo)*, VIII des cal. de décembre (24 nov.) 1293 (18) — 26 mars 1316 (42).

II. Emenjarde Aicard, 9 mars 1316-7 (43) — 20 décembre 1324 (45).

III. Béatrix du Puy, 24 mars 1331-2 (Pierre Romieu) — 16 août 1332 (Guill. de Paulilles).

(1) Pièce justificative, page 66, ci-après.

(2) Les nombres entre parenthèses, qui suivent les noms des deux premières abbesses, se rapportent à la cote des actes du fonds de Sainte-Claire d'Arles, aux archives départementales des Bouches-du-Rhône. Les dates indiquées sont celles où j'ai rencontré les abbesses en fonction, mais ne sont pas celles de l'élection ou de la démission, sauf pour Jeanne Marin.

IV. Huguette de Villeneuve, 24 mai 1334 (ibid).

V. Nicole Pégalier, 15 septembre 1336 (ibid) — 28 janvier 1338-9 (Guill. Gayraud).

VI. Jacquette Raymbert, 17 avril 1339 (ibid.) — 9 février 1341-2 (Pierre Romieu).

VII. Nicole Pégalier, 8 décembre 1346 (Jacques Bertrand).

VIII. Raymonde Cornet, 6 août 1349 (Pons Rodel) — 3 juin 1350 (Milet Geoffroy, à Beaucaire).

IX. Beatrix de Bourdic, 20 novembre 1353 (Jean Estienne) — 29 mars 1356 (ibid.).

X. Catherine Pégalier, 25 août 1359 (Pons Rodel) — 9 avril 1361 (ibid.).

XI. Marguerite Graille, 26 octobre 1361 (Louis Astaud) — 20 juin 1363 (Guichard Carbonel).

XII. Catherine Pégalier, 15 novembre 1364 (Raym. Hugues) — 18 février 1365-6 (G. Carbonel).

XIII. Claire Gayraud, 23 novembre 1367 (Jean de Léris) — 18 juillet 1369 (Jacques Bertrand).

Le 2 avril 1370 (ibid.), le couvent est représenté par Catherine Pégalier, vicaire.

XIV. Marguerite Graille, ... 1370 (Pons Rodel) — 21 janvier 1375-6 (Jacques Bertrand).

XV. Françoise Martin, 9 avril 1379 (Pierre Rogat) — 27 décembre 1382 (Barth. Faucenque).

XVI. Cécile ou Silette Gayraud, 11 décembre 1388 (Etienne Barrat) — 16 mars 1393-4 (Ant. Olivier).

XVII. Auphante Geoffroy, 16 août 1396 (J. de Léris) — 27 novembre 1398 (Bern. du Puy).

XVIII. Plendose Arbaud, 25 août 1399 (Ant. Olivier) — 7 janvier 1400-1 (Guill. Olivier).

XIX. Sancie Vital, 6 mai 1402 (Bern. Passarin).

XX. Plendose Arbaud, 24 avril 1406 (G. Olivier) — 5 novembre 1409 (Ant. Olivier).

XXI. Sancie Vital, 24 janvier 1412-3 (ibid.).

XXII. Jaumette Avignon, 20 juin 1419 (B. Passarin) (1).

XXIII. Catherine Roux, 6 septembre 1424 (Jean Passarin) — 14 mars 1429-30 (Michel Grimaud).

XXIV. Plendose Arbaud, 27 août 1432 (Bern. Bertrand) — 19 février 1433-4 (ibid.).

XXV. Catherine Roux, 22 janvier 1434-5 (Ulphard Pierre) (2).

XXVI. Jaumette Avignon, 4 avril 1438 (Pangon).

XXVII. Catherine Roux, 5 janvier 1439-40 (ibid.) ; 4 décembre 1444 (G. Raymond) ; 7 octobre 1445 (Ulphard Pierre); 4 février 1453-4 (Pangon) ; 21 novembre 1457 (G. Raymond ; 22 septembre 1458 (Pangon) ; 12 avril 1460 (G. Raymond) ; avant le 2 décembre 1462 (Pancrace Sauveur).

Le 24 avril 1463 (Pangon), le siège était vacant ; il en était encore ainsi le 16 octobre 1465 (J. Norricier).

Marguerite Pellan était vicaire, par décès de l'abbesse Catherine Roux.

XXVIII. Marguerite Pellan, 18 janvier 1467-8 (Pangon), 4 février 1471-2 (G. Raymond) (3).

Le 2 octobre 1472, Quique Anselme, en qualité de vicaire, donne à bail une partie du péage des nobles de la ville d'Arles (Pangon).

XXIX. Constance Anselme, 26 avril 1473 (Pangon) *noviter electa* (4).

(1) Jaumette Avignon était fille de Jean et fut légataire au testament de son oncle Guillaume Avignon, agriculteur d'Arles, du 20 décembre 1400 (Ant. Olivier, Et. f° 185).

(2) Catherine Roux était fille de Raimond, dit Rosson, d'Albaron, et de Silone.

(3) Marguerite Pellan était fille de Raimond et de Silone Roux (celle-ci sœur de Catherine Roux, précédemment abbesse).

(4) Constance Anselme était fille d'hon. homme Bernard Anselme, marchand florentin fixé à Avignon. Elle fut légataire avec sa sœur Quique, plus tard abbesse, au testament de leur mère Lena, du 31 octobre 1474 (Laurent Michel, à Avignon). — Cf. Pithon-Curt, I. 500.

XXX. Alisone Bernard, 22 novembre 1475 (Ph. Mandon) (1).

Du 2 juillet au 27 octobre 1477, on trouve le siège vacant, avec Quique Anselme pour vicaire.

XXXI. Marguerite de la Chapelle, 13 mars 1479-80 (Jean Rohard). Elle quitte le monastère en 1481 (2).

XXXII. Bone Scorphide, 25 août 1486 (ibid.) — 4 août 1492 (A. Biguin).

XXXIII. Aygrete Artaud, 4 mars 1496-7 (Jean Giraud).

XXXIV. Catherine Gastinel, 10 novembre 1498 (Jacques Rohard).

XXXV. Quique Anselme, 29 mai 1501 (P. Brun, Et. E, f° 95).

XXXVI. Catherine Vérune, 29 novembre 1512 (Pierre Piret); 16 juin 1517 (G. Mandon) ; 4 novembre 1525 (Ph. Chabalier) ; 8 octobre 1528 (ibid.) (3).

XXXVII. Louise Bernard-Guinot, 26 octobre 1531 (Jean Faucher).

XXXVIII. Alisette de Noveano ou Novarin, 7 février 1533 (Ant. Marin) — 13 juillet 1543 (Jean de Rodez).

XXXIX. Catherine N..., 5 octobre 1545 (Hon. Candelier).

XL. Alisette Novarin, citée dans l'élection de Jeanne Marin, comme l'ayant précédée.

XLI. Jeanne Marin, élue le 4 janvier 1546-7 (Jean de Rodez) — 10 juillet 1557 (ibid.).

XLII. Catherine Camaret, 13 février 1561 (Jacques de Rodez) — 23 novembre 1571 (ibid.).

XLIII. Antoinette de Bourdin, 2 octobre 1592 (citée en marge de l'acte du 13 février 1561, ci-dessus).

(1) Alisone ou Louise Bernard était fille de Trophime Bernard, dit Guinot, bourgeois d'Arles, et fut légataire au testament de son père du 11 août 1524 (Camaret).

(2) Marguerite de la Chapelle était fille de Michel, damoiseau de Beaucaire, et de Gabrielle de Bardonenche.

(3) Catherine Vérune était fille de Pierre, revendeur d'Arles, et de Madeleine Gracrie.

XLIV. Madeleine de Brunet, 1er mai 1608 (Augier Dedons).

XLV. Marguerite de Privat de Molières, 5 septembre 1623.

XLVI. Honorade Gilles, 1627.

XLVII. Jeanne de Mételin, 1628, dernière abbesse.

Annales du Couvent des Clarisses.

1337 juillet 30. — La reine Sanche fait remettre par le sénéchal de Provence mille onces d'argent au couvent de Ste-Claire d'Avignon et autres mille onces d'argent à celui d'Arles, avec obligation, pour lesdits couvents, d'ajouter à la messe conventionnelle qui sera célébrée dans les maisons de l'ordre, à Perpignan, Avignon, Marseille, Manosque, Arles et Sisteron, les oraison, secrète et postcommunion suivantes (1) :

Quæsumus, omnipotens Deus, ut famulus tuus Robertus, rex noster, qui in tua miseratione suscepit regni gubernacula, regina, dux, ducissa et soror ejus, virtutum omnium percipiant incrementa, quibus decenter ornati, et vitiorum monstra devitare et hostes superare et ad te, qui via, veritas et vita es, gratiosi valeant pervenire.

Munera quæsumus, Domine, oblata sanctifica ut et nobis et unigeniti tui corpus et sanguis fiant et regi nostro, reginæ, duci, ducissæ et ejus sorori, ad obtinendum animæ corporis que salutem et ad peragendum injunctum officium usquequaque, te largiante, perficiant.

Hæc, Domine, oblatio salutaris famulum tuum regem nostrum Robertum, reginam, ducem, ducissam et sororem ejus, ab omnibus tueatur adversis, quatenus et ecclesias-

(1) Ces oraisons sont des plus intéressantes pour la liturgie provençale et, à ce titre, il nous a paru utile d'en faire connaître le texte.

ticæ obtineant tranquillitatem et, post ipsius temporis decursum, ad æternam perveniant hereditatem. (Guill. Gayraud).

1359 août 25. — Frère Adam de Niceyo, ministre de la maison de la Trinité d'Arles, donne à bail, pour le prix de dix florins d'or, une maison avec jardin, à Catherine Pégalier, abbesse de Sainte Claire, avec jouissance, depuis la Saint-Michel prochaine jusqu'à Pâques de l'année suivante (1) (Pons Rodel). — Le 7 avril 1360, il y eut réunion capitulaire des Clarisses, dans l'église de la Trinité (ibid.).

1361 avril 9. — Assemblée capitulaire où figurent : Catherine Pégalier, abbesse, Barthélemie Amiel, Jeanne Allemand, Joyeuse Carle, Douce de Villeneuve, Béatrix Aimeric, Guillemette Garin, Béatrix de Mimet, Françoise Martin, Marie Icard, Silette Gayraud, Béatrix Cantaloube, Jacquette Graffueyre et Agathe Guache. Elles décident la vente à Jean Gantelme, damoiseau d'Arles, du sixième d'une maison avec cour, qui appartenait autrefois à Antoine Alfant, époux d'Antoinette Audibert, et située dans la Trouille d'Arles (ibid.).

1366 janvier 19 (à la nativité). — Transaction entre Catherine Pégalier, abbesse, et Jacques d'Urbane, procureur du Conseil de la ville d'Arles, au sujet de la démolition du monastère, par laquelle la ville s'oblige : 1) à acheter l'île des Autanes, sur la paroisse Saint-Laurent, 2) à donner 600 florins pour la construction et mise en état de cette installation, 3) à payer la location de la maison de l'église de la Trinité, où le couvent est installé, pour le présent, 4) à mettre à la disposition des dames abbesse et religieuses le fonds de l'ancien couvent, avec les pie res et autres matériaux restants, 5) à payer pour l'achat de ladite île 1.300 florins d'or. Cette somme sera payée, sous peine d'excommunication des syndics et conseillers, aux termes suivants : 500 fl. à la Mi-Carême prochain ; 500 fl. à Noël suivant ; 300 fl. à Saint-Michel de l'année prochaine. — Acte, à Avignon, en la mai-

(1) En 1360, Pâques tombait le 5 avril.

son et en présence de Bernard de Rodes, licencié ès loix, archidiacre des Vaux en l'église de Cahors, auditeur général. Scellé en cire rouge sur double queue parchemin (Arch. des B.-du-Rh., n° 97).

1366 novembre 14. — Lettre de Bernard de Rodes, auditeur général, dénonçant l'excommunication encourue par les syndics et conseillers de la ville d'Arles, pour n'avoir pas payé les 500 florins au terme échu. Donné à Avignon. Scellé en cire rouge sur double queue parchemin (ibid., n° 100).

1376 août 28. — Quittance de 25 florins, pour solde de 1.300 florins dus par la ville d'Arles au couvent, faite par l'abbesse Claire Gayraud à Rostang Amalric et Jean Audemar, syndics. L'assemblée capitulaire énumère : Claire Gayraud, abbesse, Catherine Pégalier, Barthélemie Amiel, Béatrix de Mimet, Guillemette Garin, Cécile Gayraud, Françoise Martin, Douce de Villeneuve, Béatrix Bausan, Jacquette Guaffuère, Raymonde Blancard, Saurine Arbaud, Firmine Pégalier, Plendose Arbaud, Guillemette Saladin, Alasacie Gassin, Marie Icard et Sancie Vital. (Jean Grasset). — (Grosse en parchemin dans le ms. 159, pièce 224, de la Bibl. d'Arles). — Le couvent est, à cette époque, à l'apogée de son développement ; il compte 18 religieuses, nombre qui ne fut plus atteint dans la suite.

1396 octobre 4. — Auphante Gayraud, abbesse, donne à prix fait la construction et l'adaptation *(ad edificandum et aptandum)* du monastère, dans la rue conduisant au port (1) (B. Passarin).

1412-3 janvier 24. — Assemblée capitulaire où figurent : Sancie Vital, abbesse, Plendose Arbaud, Catherine Roux, Saurine Arbaud, Jaumette Avignon, Rostagne Colomes, Jacquette Sorbier, dite de Fourques. Elles décident de donner à

(1) Le port est le point d'atache du bac à traille qui servait à passer le Rhône. On voit qu'il se trouvait au milieu du XIVe siècle, à l'extrémité de la rue du Méjan (vers le haut du Quai Saint-Martin actuel). Cf. Bull. Arch. d'Arles, 1890, p. 5.

prix fait à Pierre Monier, fustier, la construction de la charpente de leur église neuve de la rue du Méjan (Ant. Olivier, prot. f° 141).

1419 juin 20. — Accord entre les Clarisses et Philippin de Viète, trésorier de Provence. Il est expliqué dans l'acte que Jean Raymond, en son testament, reçu par Bernard du Puy, avait légué sa maison d'habitation aux Clarisses, dans le cas où son fils Trophime mourrait sans postérité, à la condition pour celles-ci d'y transporter leur monastère et d'y bâtir leur église ; et si elles s'y refusaient, ladite maison devait revenir à ses quatre filles : Claire (mariée à n. Bernard de Romieu), Jeanne (mariée à n. Pierre de St-Martin), Belindone (mariée à Pierre Quiqueran), et Favete (mariée à Gaucher Quiqueran, frère de Pierre).Les religieuses se déclaraient disposées, vu le décès sans postérité de Trophime Raynaud, à transporter leur monastère dans ledit immeuble légué. Mais Raymonde de Moulinneuf, veuve de Trophime, et remariée à Philippin de Viète, voulait faire valoir certaines reprises dotales sur une partie de la maison. Les parties s'en remirent à l'arbitrage de Jean de Romieu et Guillaume Putatoris, qui déboutèrent Raymonde. Cependant, les religieuses consentirent à louer la maison à Raymonde et à son mari, jusqu'à la mort des deux conjoints, moyennant 15 florins de rente annuelle ; elles exigèrent toutefois, par prudence sans doute, le versement préalable de dix annuités, soit 150 florins, qu'elles voulaient employer, en attendant, à la mise en état de leur église neuve et de leur monastère (de la rue du Méjan). Toutes les religieuses sont énumérées : Jaumette Avignon, abbesse, Catherine Roux, Saurine Arbaud, Rostagne Colomes, Marie Cabassole, Marguerite Capon et Marguerite Pellan assistent à l'assemblée capitulaire, qui décida de l'accord ; seules Sancie Vital et Plendose Arbaud étaient retenues malades dans leur lit (*in uno lecto infirmantes et jassentes*). L'immeuble est minutieusement délimité : à l'est, une traverse fermée (1),

(1) Cette traverse séparait, sur une certaine longueur, la maison d'avec celle des Parade ; elle fut englobée plus tard dans les construction.

un verger et une maison dotale de Guillaume Parade; à l'ouest, et du côté d'une aile en retour *(a parte penoris)*, la maison de Jean Tropin et l'écurie de Jean d'Arlatan ; l'entrée de la maison se trouvait de ce côté, donnant sur la rue publique, par une cour; au midi, c'est-à-dire par derrière, et du côté de ladite cour, se trouvaient une autre cour de Monet Talon (1) et la maison de Guillaume Rohard. (Les confronts du côté nord manquent, c'était un grand espace libre formant jardin) (B. Passarin).

1438 avril 4. — Jaumette Avignon, abbesse, Catherine Roux, Marguerite Pellan, Marguerite Gaffel, formant la totalité des religieuses *(cum non sunt plures moniales in dicto monasterio)*, informent Honorat Sabatier que sœur Sancie Vital était décédée, le mercredi 2 avril précédent (Pangon).

1439-40 janvier 5. — L'assemblée capitulaire ne réunit plus que trois religieuses : Catherine Roux, abbesse, Marguerite Pellan, Marguerite Gaffel — *cum non sint alie moniales in dicto monasterio, propter pestem que viguit* (Pangon).

1462.... (le mois et le quantième manquent — mais l'indication : *SS. dni. nri. pape Pii II, anno quarto* montre que l'acte est antérieur au 2 septembre). L'assemblée capitulaire se réunit comprenant : Catherine Roux, abbesse, Marguerite Pellan, Marguerite Gaffel, Favete André, Françoise Audemar, Françoise Anselme, Raymonde Audemar, Constance Anselme, Guimette Parade, Alysone Bernard et Marguerite de la Chapelle. Elles font procuration pour obtenir du légat du pape l'autorisation de transférer leur couvent dans un nouvel immeuble qu'elles se disposent à construire sous le vocable de Sainte-Claire *(ad aliud monasterium per ipsas construendum, edificandumque et erigendum, sub vocabulo Sancte Clare, in quadam domo, sita in parrochia Santi Laurentii, que per quondam Johannem Raynaudi, laycum, eisdem abbatisse et conventui pro quodam monas-*

(1) Toutes ces cours communiquaient et finirent par devenir un passage, faisant communiquer, par divers contours, les rues parallèles des Meules et d'Alamanon.

terio inibi erigendo legata extitit), suivant les mode et forme contenues dans le rescript obtenu du pape et donné à Saint-Pierre-de-Rome, le XIII des cal de décembre 1461 (Pancrace Sauveur).

1468 juin 20. — Vente par les Clarisses de leur ancien couvent à n. Nicolas de Saint-Martin, pour le prix de 1000 florins et 1 sol de cens annuel. Voici les confronts de ce couvent : une maison de l'acheteur, ayant appartenu à feu n. Honorat de Montolieu ; la maison de Jean Uviet, notaire (1), ayant appartenu à feu Antoine Pellan, marchand ; celle de Marguerite Borel, fille de Jaumellon, dit Jouve, et veuve de feu Benoit de Pesio, marchand, ayant appartenu à feu Bonet Avigdor, juif (2), par derrière, la maison et cour de Jacques Norricier, notaire, celle de Philippe d'Estenay, licencié en droit, et de Marguerite Isnard, sa femme, celle de Bendich de Pertuis, juif, et la place de l'église Saint-Martin ; par derrière encore, la maison de Jean de Lacour *(de Aula)*, prêtre (3), celle d'Antoine Foulque, autrefois à Andrivon de Gaylet, apothicaire, et qui était anciennement un passage ; enfin, une traverse entre le bâtiment où se trouvait l'église et la maison de Jean Uviet, et par laquelle on accédait au couvent ; par devant, la rue du Valat et une autre rue, commençant à la Grande Juiverie, allant à l'église Saint-Martin et à la petite Juiverie (Pangon).

1481 novembre 9. — Marguerite de la Chapelle, religieuse de Sainte-Claire, présente des lettres émanées de Julien, évêque de Sabine (Jules de la Rovère, depuis Pape sous le nom de Jules II), pénitencier du pape, données à Saint-Pierre de Rome, le 3 des ides (11) de septembre, année onzième du pon-

(1) Cette maison formait l'angle opposé (sud-est) des rues de la Grande-Juiverie et du Valat. Marguerite Borel la vendit, en 1470, aux Méthelin,

(2) Cette maison lui avait été vendue, le 21 février 1464 (Pangon), par Jullien de Donine. Sa femme Alisone Pellan avait recueilli cet immeuble dans la succession de Douce, veuve de son oncle Antoine Pellan.

(3) Il la vendit, le 19 avril 1476, à Jean d'Epinal, mieux connu sous le nom d'Espinaut (G. Raymond).

tificat de Sixte IV (1481), dans lesquelles il est exposé que ladite Marguerite, pour se soustraire aux persécutions et sévices *(propter persecutiones et molestias)* qu'elle avait à supporter, avait quitté son couvent, revêtue de ses vêtements religieux, et s'était rendue, sans autorisation, dans le monastère de Saint-Césaire (où sa sœur Louise était religieuse), et y avait séjourné quelque temps. Ladite Marguerite ne pouvant se décider à réintégrer la maison des Clarisses, il est enjoint à l'archevêque d'Arles, ou à son vicaire, de faire une enquête sur les faits énoncés et d'autoriser, s'il y avait lieu ladite religieuse à rester dans le couvent de Saint-Césaire et à y faire profession. Ledit jour, Jean Monge, chanoine d'Arles, comme procureur de Marguerite, rend compte de sa démarche auprès d'Antoine Monier, ministre général de l'ordre des FF. Mineurs en Provence, résidant à Avignon, tendant à obtenir dudit ministre l'autorisation de quitter l'ordre des Clarisses, pour entrer dans l'ordre de Saint-Césaire, grâce qui lui fut refusée. Sur ce, Révérend Père en Dieu Antoine (Guiramand), évêque de Digne, vicaire général d'Eustache (de Lévis), archevêque d'Arles, en vertu des pouvoirs apostolique à lui conférés, absout ladite Marguerite, prosternée à genoux devant lui, de la sentence d'excommunication encourue, et lui concède permission d'entrer dans le couvent de Saint-Césaire et d'y prononcer ses vœux (Ph. Mandon).

1489 août 1er. — Réception comme religieuse de Catherine, fille de probe homme Pierre Vérune, revendeur, et de feu honnête femme Madeleine Graerie. L'assemblée capitulaire se composait de : Bone Scorphide, abbesse, Quique Anselme, Louise Bernard, Jaumone Imbert et Clémence de la Rochelle (1), (Jacques Robard). — Catherine Vérune devint ensuite abbesse.

1496-7 mars 4. — Réception comme religieuse de Louise, fille de n. Trophime (Bernard dit) Guinot, du consentement d'Aigrete Artaud, abbesse, Clémence de la Rochelle, sacris-

(1) Elle était fille d'égrège Guillaume de la Rochelle, professeur de droit (P. Brun, Et. G., f° 201).

taine, Catherine Vérune, trésorière, Baudette Chabaud (Jean Giraud). — Elle devint ensuite abbesse.

1498 novembre 10. — En l'absence de l'abbesse Catherine Gastinel, malade et gisant au lit, Clémence de la Rochelle et Catherine Vérune donnent quittance d'une créance de feue Marguerite Pellan, religieuse, dont le couvent est héritier. (ibid).

1546 janvier 4. — Election d'abbesse au couvent de Sainte-Claire, après décès d'Alisette Novarin, dernière abbesse. Sont présentes : Jeanne Marin, plus ancienne religieuse, Antoine Buon, Catherine Camaret, Marguerite Serre, Claude de Charansonay et Honorade Bessière, faisant la plus grande et saine partie des religieuses. Jeanne Marin a 3 voix, Antoinette Buon, 2 voix, et Catherine Camaret, 1 voix (Jean de Rodez).

PIÈCES JUSTIFICATIVES

Bulles des Papes en faveur des Clarisses.

I

Alexander episcopus, servus servorum Dei, Dilecto filio vicario nobilis viri... comitis Provincie et Andegavie in Arelato, salutem et apostolicam benedictionem. Apud eternorum Regem perennis palma glorie dignus redderis, si cultui nominis divini vacantibus benignus ac propitius habearis. Pro dilectis itaque in Xpo. filiabus sororibus monasterii sancte Clare Arelatensis, ordinis sancti Damiani, discretionem tuam rogandam duximus et hortandam attente, in remissionem tibi peccaminum injungentes, quatinus pia meditatione considerans quod conditori omnium bonorum impenditur si suis laudibus ascriptorum humilitas potentium subsidio fulciatur, prefatas sorores, pro divina et nostra reverentia, gratis attolas presidiis et beneficiis faveas oportunis, ipsas, quantum in te fuerit, non permittens a laicis, tue juridictioni subjectis, indebite molestari. Preces nostras taliter impleturus ut eis gaudentibus te obtentu divine clementie sibi propitium repperisse tibi exinde retributionis eterne premium et a nobis condigna proveniat actio gratiarum. Datum Laterani, VIII kl. decembris, pontificatus nri. anno primo (24 novembre 1255).

II

Alexander episcopus etc. Dilecte in Xpo. filiabus Merande et aliis soribus monasterii Sce. Clare Arelatensis, ordinis sancti Damiani, salutem etc. Vestre meritis religionis inducimur ut vos prosequamur gratia que vestris dinoscitur necessitatibus oportuna. Hinc est quod nos paupertati quam propter Xpm. voluntarie sustinetis paterno compatientes affectu, ut de usuris, rapinis ac aliis male acquisitis, dummodo hii, quibus ipsorum restitutio fieri debeat, nequeant inveniri, usque ad centum libras turonensium in Arelatensi provincia recipere valeatis vobis, auctoritate presentium, concedimus facultatem, si pro similium receptione alias non sitis a nobis vel felicis recordationis Innocentio papa, predecessore nostro, hujusmodi gratiam consecute. Ita tamen quod dictis usurariis vel eorum heredibus restitui non debeat quod fuerit sic collatum et iidem ad aliam restitutionem faciendam eorum que vobis contulerint minime teneantur, set ad restituendum residuum acquisitorum taliter, si quod fuerit, remaneant nichilominus obligati. Nulli ergo ommino hominum liceat etc. Si quis autem etc. Datum Laterani, VI idus februarii, pontificatus nri. anno secundo (8 février 1256).

III

Alexander episcopus servus servorum Dei. Universis Xpi. fidelibus presentes litteras inspecturis Salutem et apostolicam benedictionem. Quoniam, ut ait apostolus, omnes stabimus ante tribunal Xpi. recepturi, prout in corpore gessimus, sive bonum fuerit sive malum, oportet nos diem messionis extreme misericordie operibus prevenire, ac eternorum intuitu seminare in terris quod reddente domino cum multiplicato fructu recolligere debeamus in celis, firmam spem fiduciamque tenentes, quoniam qui parce seminat parce et metet et qui seminat in benedictionibus de benedictionibus et metet vitam eternam. Cum itaque, sicut accepimus, dilecte in Xpo. filie moniales monasterii sancte Clare, ordinis sancti Damiani, Arelatensis diocesis, facultates non habeant de quibus valeant commode sustentari, quia dignum est ut idem monasterium, quod est novella plantatio, piis favoribus ylarescat, universitatem vestram rogamus, monemus et et hortamur in domino in remissionem vobis peccaminum injungentes, quatinus de bonis vobis a Deo collatis pias elemosinas et grata eis caritatis subsidia erogetis, ut per subventionem vestram adjute valeant sustentari, et nos per hec et alia bona que, domino inspirante, feceritis ad eterne possitis felicitatis gaudia pervenire. Nos enim de omnipotentis Dei misericordia et beatorum Petri et Pauli, apostolorum ejus, auctoritate confisi, omnibus vere penitentibus et confessis qui manum eis porresserint caritatis, quadraginta dies de iniuncta sibi penitentia misericorditer relaxamus. Datum Laterani, V idus februarii, pontificatus nri anno secundo (9 février 1256).

(Scellé en plomb sur attache de soie rouge et jaune).

IV

Urbanus episcopus, etc. Dilectis in Xpo. filiabus, Abbatisse et conventui monialium inclusarum monasterii sce. Marie de Rochetta Arelatensis, ordinis sci. Damiani, salutem etc. Devotionis vestre precibus inclinati etc. — Cette bulle est identique à celle de Grégoire X, accordant au couvent le droit de succession aux biens des religieuses. du X des cal. de mars, année première. Datum apud Urbemveterem, kl. junii, pontificatus nri. anno secundo (1er juin 1263).

V

Urbanus episcopus, servus servorum Dei, dilectis in Xpo. filiabus Abbatisse et conventui monialium inclusarum monasterii sancte Marie de Roqueta Arelatensis, ordinis sancti Damiani, salutem et apostolicam benedictionem. Cum a nobis petitur quod justum est et honestum tam vigor equitatis quam ordo exigit rationis ut, per sollicitudinem officii nostri, ad debitum perducatur effectum. Eapropter, dilecte in Xpo. filie, vestris justis postulationibus grato concurrentes assensui, sepulturam vestri monasterii liberam esse decernimus ut eorum devotioni et extreme voluntati qui se illic sepeliri deliberaverint nisi excommunicati vel nominatim interdicti aut etiam publici usurarii fuerint, nullus obsistat. Salvis tamen canonica justicia et omni jure parrochiali ecclesiarum illarum a quibus mortuorum corpora assumuntur. Nulli ergo omnino hominum liceat hanc paginam nostre constitutionis infringere vel et ausu temerario contraire. Si quis autem hoc attemptare presumpserit, indignationem omnipotentis Dei et beatorum Petri et Pauli,apostolorum ejus,se noverit incursurum. Datum apud Urbemveterem, kl. junii, pontificatus nri. anno secundo (1er juin 1263).

VI

Urbanus episcopus etc. Dilectis in Xpo. filiabus Abbatisse et conventui monialium inclusarum monasterii sancte Marie de Roqueta etc. Meritis vestre religionis inducimur etc. — (Cette bulle est identique à celle d'Alexandre IV, du VI des ides de février an II). Presentibus post unum annum minime valituris. Nulli ergo etc. Si quis autem etc. Datum apud Urbemveterem, kl. junii, pontificatus nri. anno secundo (1er juin 1263).

VII

Urbanus eps. servus servorum Dei. Veneralibus fratribus Archiepiscopo Arelatensi et ejus suffraganeis ac dilectis filiis abbatibus etc., salutem et apostolicam benedictionem. Non absque dolore cordis et plurima tribulacione didicimus quod ita, in plerisque partibus, ecclesiastica censura et canonice s... me severitas enervatur, ut viri religiosi et hii maxime qui per sedis apostolice privelegia majori donati sunt libertate passim a malefactoribus suis injurias sustineant et rapinas. Dum vix invenitur qui congrua illis protectione subveniat et pro fovenda pauperum innocentia se murum defensionis opponat. Specialiter autem dilecte in Xpo. filie abbatissa et sorores monasterii sce. Marie de Laroquete Arelatensis, ordinis sci. Damiani, tam de frequentibus injuriis quam de ipso cotidiano defectu justicie conquerentes. Universitatem nostram literis petierunt apostolicis excitari id ita videlicet eis, in tribulationibus suis, contra malefactores earum prompta debeatis magnanimitate consurgere quod ab angustiis quas substitinent et pressuris vestro possint presidio respirare. Ideoque universitati vestre, per apostolica scripta mandamus atque precipimus, quatinus illos qui possessiones vel res seu domos predictarum sororum irreventer invaserint aut ea injuste detinuerint que predictis sororibus ex testamento decedencium reliquuntur seu ipsas sorores vel ipsarum aliquam contra apostolice sedis indulta sententiam excommunicationis aut interdicti presumpserit promulgare vel decimas de nutrimentis animalium ipsarum, spretis apostolice sedis privilegiis, extorquere, si de hiis vobis manifeste constiterit, canonica monitione premissa, si laici fuerint publice, candelis accensis, singuli vestrum in diocesibus et ecclesiis vestis excommuncationis s... ma percellatis. Si vero laici vel canonici regulares seu monachi extiterint, appellatione remota, ab officio et beneficio suspendatis, neutram relaxaturi sententiam donec predictis sororibus plenarie satisfaciant et tam laici quam clerici seculares qui pro violentia manuum injectione in sorores easdem vel ipsarum aliquam anathematis vinculo fuerint innodati, cum diocesani episcopi literis ad sedem apostolicam venientes ab eodem vinculo mereantur absolvi.

Datum apud Urbem Veterem, kal. junii, pontificatus nostri anno secundo (1er juin 1263). Post predicta, anno dni. M.° C° LXXXVIIII, XI maii, nos Bertrandus Albani, officialis Arelatensis ecclesie, predictum exemplum fideliter cum originali sine vicio invento cum diligencia auscultavimus, ita quod sicut in dicto originali continetur, sic in presenti exemplo legitur, nichil addito vel mutato quod sensum mutet seu intellectum. Et huic exemplo fides plenio habeatur, ad instanciam sororis Bertrande Grasse, dicti monasterii nomine, ejusdem monasterii postulationis exemplum presens sigilli nostri officii munimine duximus roborandum.

VIII

Clemens eps. servus servorum Dei, Venerabili fratri archiep. Arelaten. saltm. et aplicam ben. Quamvis cunctos regularis ordinis professores, pro divini amore nominis, te conveniat favorabiliter confovere, monialibus tamen de ordine sancte Clare eo magis te decet benignum ac propitium exhibere quo ipse per intentum artioris vite studium domino satagunt complacere et quod eedem, propter fragilitatem sexus, majori noscuntur suffragio indigere. Sane, dilecte in Christo filie... abbatissa et conventus sancte Marie de Gratia Narbonensis predicte, sancte Clare ordinis, nobis insinuare curarunt quod dilecti filii Guardianus et fratres minores Arelatenses de loco beate Marie de Rocheta, ni quo morari consueverunt, intendentes ad locum alium ipsis, pro habitatione sua magis accomodum se transferre hu [jusmod] i locum, in quo manebant primitus, et in quo pro illius custodia quidam de ipsis fratribus moram trahere propo..., prout eisdem guardiano et fratribus ex concessione sedis apostolice, que super hoc ipsis dicitur esse facta, memoratis abbatiss [e et con] ventui ordinem suum in civitate Arelatensi ad divine laudis obsequium, cupientibus propagare, pro quadam summa pec [cunie trad] iderunt, bone memorie Arelatensis archiepiscopi assensu ad id nichilominus concurrente. Sed tu suis hujusmodi salubribus deside [riis oppositi] onis obstaculum pro tuo interponens arbitrio voluntatis, quasdam sorores ipsius monasterii quas ipse abbatissa et conventus ad prefatum locum emptum ab eis transmiserant inibi moraturas, in loco habitare hujusmodi non permittis. Cum igitur ex parte ipsarum abbatisse et conventus super hoc ad nos habitus sit recursus, fraternitatem tuam rogamus, monemus et hortamur attente, per apostolica tibi scripta mandantes, quatinus easdem abbatissam et conventum, pro religionis sue meritis, dignos favores gratie specialis habens, pro nostra et apostolice sedis reverentia, propensius commendatas, non solum ipsas in premissis non inquietes aliquatenus vel perturbes, quinimus illis te reddas et benivolum et benignum, ac in earum oportunitatibus gratiosum, ut per hoc divine retributionis premium et a nobis condigna tibi proveniat actio gratiarum. Dat. Perusii, iiij nonas junii, pontificatus nri. anno primo (2 juin 1265) (1).

(1) Arch. dép. des B.-du-Rh. Livre d'Or, 34. — Cf. U. Chevalier, *G. Chr. Noviss.* Arles, nº 1236.

IX

Clemens episcopus etc. venerabili fratri... Episcopo Magalonensi, salutem etc. Dilecte in Xpo. filie... Abbatissa et conventus monasterii sancte Marie de Gratia Narbonensis, ordinis sancte Clare, nobis exponere curaverunt quod dilecti filii Guardianus et fratres Minores Arelatenses, de loco beate Marie de Rocheta, in quo morari consueverant, intendentes ad locum, ipsis pro habitatione sua magis accomodum, se transferre, hujusmodi locum, in quo manebant primitus et in quo, pro illius custodia, quidam de ipsis fratribus adhuc moram trahere proponunt, prout eisdem Guardiano et fratribus, ex concessione sedis apostolice, que super hoc eis dicitur esse facta, memoratis Abbatisse et conventui ordinem suum, in civitate Arelatensi, ad divine laudis obsequium cupientibus propagare, pro quadam summa pecunie vendiderunt, bone memorie... Arelatensis archiepiscopi assensu ad id nichilominus concurrente. Verum, venerabilis frater noster Arelatensis Archiepiscopus hujusmodi earumdem Abbatisse et conventus salubribus desideriis minus rationabilis oppositionis obstaculum pro suo ingerens arbitrio voluntatis, quasdam sorores predicti monasterii quas ipse abbatissa et conventus ad prefatum locum emptum ab eis transmiserant inibi moraturas, in loco hujusmodi non permittit, in earumdem Abbatisse et conventus prejudicium et gravamen. Super quo, ipse Abbatissa et conventus sibi per nostram sollicitudinem oportuno remedio succurri suppliciter postularunt. Nolentes igitur ut eedem, quas sue religionis exigentibus meritis sincera in Domino caritate prosequimur, injustis vexationibus pertubentur, fraternitati tue per apostolica scripta mandamus quatinus, si premissa veritate nituntur, prefatas Abbatissam et conventum in possessionem predicti loci quem emerunt a Guardiano et fratribus memoratis inducas et defendas inductas, nec permittas ipsas super hoc a dicto archiepiscopo seu quovis alio indebite molestari. Contradictores et molestatores super hiis auctoritate nostra, appellatione postposita, compellendo, non obstante si dicto archiepiscopo aut quibusdam alliis a sede prefata indultum existat quod interdici, suspendi vel excommunicari non possint per litteras apostolicas in quibus de indulto hujusmodi plena et expressa mentio non habetur. Testes autem qui fuerint nominati, si se gratia, odio vel timore subtraxarint, per censuram ecclesiasticam, appellatione cessante, compellas veritati testimonium perhibere. Datum Perusii, iiij nonas junii, pontificatus nri. anno primo (2 juin 1265).

X

Clemens episcopus etc. universis Xpi. fidelibus per Arelatensem, Avinionensem et Nemausensem civitates et dioceses constitutis salutem etc. Quoniam, ut ait apostolus *(la suite identique à la bulle d'Alexandre IV du V des ides de février, an II)*. Sane, dilecte in Xpo. filie Guillelma de Sco Bonito, vicaria, Causida de Sco. Guillelmo et alie sorores Monasterii sce Marie de Larocheta, Arelatensis, ordinis sancte Clare, ibidem sicut accepimus, ecclesiam et monasterium ad opus earum et aliarum ordinem ipsum inibi proficteri volentium, de novo ceperunt construere, ubi divinis possint laudibus deservire. Cum itaque ipsis, propter Xpm extreme ferentibus sarcinam paupertatis, ad consummationem hujusmodi operis fidelium subsidium esse noscatur plurimum oportunum, universitatem vestram rogamus et hortamur in Domino, in remissionem vobis peccaminum injungentes, quatinus de bonis a Deo vobis collatis pias ad hoc elemosinas eis et grata caritatis subsidia erogetis, ut per subventionem vestram, opus tam pium valeat consumari, vosque per hec et alia bona que, Domino inspirante, feceritis, ad eterne possitis felicitatis gaudia pervenire Nos enim de omnipotentis Dei misericordia et beatorum Petri et Pauli, apostolorum ejus, auctoritate confisi, omnibus vere penitentibus et confessis qui eis ad id manum porrexerint adjutricem, centum dies de injuncta sibi penitentia misericorditer relaxamus. Presentibus, post quinquennium, minime valituris, quas mitti per questuarias districtius inhibemus, eas, si secus actum fuerit, carere juribus decernentes. Datum Perusii, iiij kl. Augusti, pontificatus nri. anno primo (2 juin 1265).

XI

Clemens episcopus servus servorum Dei, Universis Xpi. fidelibus presentes litteras inspecturis, salutem et apostolicam benedictionem. Vite perennis gloria, qua mira benignitas conditoris omnium beatam coronat aciem civium supernorum a redemptis pretio sanguinis fusi de pretioso corpore redemptoris, meritorum debet acquiri virtute, inter que illud esse pregrande dinoscitur quod ubique, sed precipue in santorum ecclesiis, majestas altissimi collaudetur. Rogamus universitatem vestram et hortamur in domino, in remissionem vobis peccaminum iniungentes, quatinus ad ecclesiam monasterii de Larocheta, Arelatensis ordinis ste Clare, que in honore sancte Marie Virginis constructa esse dinoscitur, imploraturi a domino vestrorum veniam delictorum in humilitate spiritus accedatis. Nos enim ut Xpi. fideles quasi per premia salubriter ad merita invitemus, de omnipotentis Dei misericordia et beatorum Petri et Pauli, apostolorum ejus, auctorita confisi omnibus vere penitentibus et confessis qui ad dictam ecclesiam in festivitatibus supradicte virginis gloriose nec non beati Francisci et predicte sancte Clare ac per octavas Assumptionis et Nativitatis predicte Viginis venerande, causa devotionis, accesserint, annuatim centum dies de iniuncta sibi penitentia misericorditer relaxamus. Presentibus, post quinquenium, minime valituris. Datum Perusii, IIII kl. Augusti, pontificatus nri anno primo. (2 juin 1265).

XII

Clemens episcopus, servus servorum Dei, dilectis in Xpo. filiabus universis Abbatissis et sororibus monasteriorum ordidinis scc. Clare salutem et apostolicam benedictionem Inducunt nos devotionis vestre merita ut petitionibus vestris, quantum cum Deo possumus, favorabiliter annuamus. Hinc est quod nos, vestris supplicationibus inclinati, presentium vobis auctoritate concedimus ut cum generale interdictum terre fuerit, possitis vobis, conversis et familiis vestris in monasteriis vestris, in monasteriis vestris, per sacerdotes et clericos, ad hec vobis specialiter deputatos, januis clausis, excommunicatis et interdictis et quibuslibet aliis prorsus exclusis, non pulsatis campanis et voce submissa, divina officia facere celebrari et ecclesiastica recipere sacramenta, dummodo vos, conversi, familiares, sacerdotes et clerici predicti causam non dederitis interdicto nec ad vobis contingat specialiter interdici. Nulli ergo hominum liceat etc. Si quis autem etc. Datum Viterbii, idus martii, pontificatus nri. anno quarto (9 mars 1268).

XIII

Gregorius episcopus, servus servorum Dei, venerabili fratri Episcopo Carpentoratensi salutem et apostolicam benedictionem. Significarunt nobis dilecte in Xto. filie Abbatissa et conventus monasterii scc. Marie de Rocheta, Arelatensis diocesis, ordinis sci. Damiani, quod nonnulli iniquitatis filii quos omnino ignorant, sue salutis immemores, terras, decimas, possessiones, redditus, census et quedam alia bona ipsius monasterii malitiose occultarunt et occulte detinere presumunt, in non modicum dispendium monasterii supradicti. Super quo dicte Abatissa et conventus Apostolice provisionis remedium implorarunt Quocirca fraternitati tue, per apostolica scripta, mandamus quatinus omnes hujusmodi detentores occultos decimarum, terrarum, possessionum, redditnum et bonorum predictorum publice coram populo in ecclesiis per te vel alium monere procures ut, infra competentem terminum, quem eis prefixeris, ea integre dictis Abbatisse et conventui a se debita restituant et revelent. Alioquin in ipsos si infra alium terminum peremptorium competentem quem eis ad hoc duxeris prefigendum hujusmodi monitis parere contempserint, generalem excommunicationis sententiam proferas, quam ubi et quando expedire videris facias, usque ad satisfactionem condignam, sollempniter publicari. Datum apud Urbemveterem. V idus decembris, pontificatus nri. anno primo (9 décembre 1272).

XIV

Gregorius episcopus etc, venerabili fratri... episcopo Carppenteratensi salutem etc. Pervenit ad audientiam nostram quod tam dilecte in Xpo. filie... Abbattissa et conventus monasterii sce. Marie de Rocheta, ordinis sci. Damiani, Arelatensis diocesis, quam que in eodem monasterio precesserunt easdem decimas, redditus, terras, domos, possessiones, prata, nemora, jura, jurisdictiones et quedam alia bona ipsius monasterii nonullis clericis et laicis aliquibus eorum ad vitam, quibusdam vero ad non modicum tempus et aliis perpetuo ad firmam vel sub censu annuo, datis super hoc litteris, penis adjectis, factis renuntiationibus et juramento interpositis, concesserunt, in enormem predicti monasterii lesionem, quorum aliqui dicuntur super hoc a sede apostolica, in forma communi, confirmationis litteras impetrasse. Quia vero nostra interest lesis monasteriis subvenire, fraternitati tue per aspostolica scripta mandamus quatinus ea que de bonis dicti monasterii per concessiones husmodi alienata inveneris illicite vel distracta, non obstantibus litteris, penis, juramentis, renuntiationibus et confirmationibus supradictis, studeas ad jus et propietatem ejusdem monasterii ligitime revocare. Contradictores, etc. Datum apud Urbemveterem, v idus decembris, pontificatus nri. anno primo (9 décembre 1272).

XV

Gregorius episcopus, servus servorum Dei, dilectis in Xpo. filiabus abbatisse et conventui monasterii beate Marie de Rochetta, ordinis sti. Damiani, Arelatensis diocesis, salutem et apostolicam benedictionem. Sacrosancta Romana ecclesia devotos et humiles filios et assuete pietatis officio propensius diligere consuevit et, ne pravorum hominum molestiis agitentur, eos tamquam pia mater sue protectionis munimine confovere. Eapropter, dilecte in Xpo. filie, vestris justis postulationibus grato concurrentes assensu, personas vestras et monasterium beate Marie de Rochetta, in quo divino estis obsequio mancipate, cum omnibus bonis que impresentiarum rationabiliter possidet aut in futurum, justis modis, prestante Domino, poteritis adipisci, sub beati Petri et nostra protectione suscipimus specialiter aut terras, domos, vineas, ortos, grangias, casalia et alia bona vestra, sicut ea juste ac pacifice obtinetis, vobis et per vos monasterio predicto, auctoritate apostolica, confirmamus et presentis scripti patrocinio communimus. Nulli ergo omnino hominum liceat etc. Si quis autem hoc attemptare presumpserit etc. Datum apud Urbemveterem, X kl. martii, pontificatus nri. anno primo (20 février 1273).

(Scellé en plomb sur attache de soie rouge et jaune).

XVI

Gregorius episcopus etc. dilectis in Xpo. filiabus Abbatisse et conventui monasterii Beate Marie de Rochetta, ordinis sci. Damiani, Arelatensis diocesis, salutem etc. Solet annuere sedes apostolica piis votis et honestis petentium precibus favorem benevolem impertiri. Quapropter, dilecte in Xpo. filie, vestris justis postulationibus grato concurrentes assensu, omnes libertates et immunitates a predecessoribus nostris Romanis pontificibus ac aliis Xpi. fidelibus rationabiliter vobis indultas, sicut eas juste ac pacifice obtinetis, vobis et per vos, eidem monasterio, auctoritate aspostolica, confirmamus et presentis scripti patrocinio communimus. Nulli ergo hominum liceat etc. Si quis autem etc. Datum apud Urbemveterem, X kl. martii, pontificatus nri. anno primo (20 février 1273).

XVII

Gregorius episcopus, servus servorum Dei, fratri... Episcopo Magalonensi, Salutem et apostolicam benedictionem. Sub religionis habitu vacantibus studio pie vite ita debemus esse propitii, ut in divinis beneplacitis exequendis, malignorum non possint obstaculis impediri. Cum itaque dilecte in Xto filie

Abbatissa et conventus monasterii beate Marie de Rochetta, ordinis Sci Damiani, Arelatensis diocesis, nobis significare curarunt ipse a nonnullis, qui nomen domini recipere in vacuum non formidant, multiplices patiantur iniuras et iacturas. Nos volentes hujusmodi presumptorum refragari conatibus et ipsarum Abbattisse et Conventus providere quieti, fraternitati tue, per apostolica scripta, mandamus quatinus predictis Abbatisse et conventui, ob reverentiam apostolice sedis et nostram, efficaciter presidio defensionis assistens, non permittas eas contra indulta privilegiorum sedis apostolice ab aliquibus indebite molestari. Molestatores hujusmodi per censuram ecclesiasticam, appellatione postposita, compescendo attentius provisurus, ne de hiis que cause cognitionem exigunt et que indulta hujusmodi non contingunt te aliquatenus intromittas. Nos enim, si secus presumpseris, tam presentes litteras quam etiam processum quem per te illarum auctoritate haberi contigerit omnino carere juribus ac nullius fore decernimus firmitatis. Hujusmodi ergo mandatum nostrum sic sapienter et fideliter exequaris ut ejus fines quomodolibet non excedas. Presentibus post triennum minime valituris. Datum apud Urbemveterem, x kl. martti, pontificatus nri. anno primo (20 février 1273).

XVIII

Gregorius episcopus servus servorum Dei, dilectis in Xpo. filiabus Abbatisse et conventui monasterii beate Marie de Rochetta, ordinis sci. Damiani, Arelatensis diocesis, salutem et apostolicam benedictionem. Devotionis vestre precibus inclinati, presentium vobis auctoritate concedimus ut possessiones et alia bona mobila et immobilia que liberas et absolutas personas sororum ad monasterium vestrum, mundi relicta vanitate, convolantium et professionem facientium in eodem, jure successionis vel quocumque alio justo titulo, si remansissent in seculo, contigissent et que transferre in alios libere potuissent, feudalibus dumtaxat exceptis, valeatis petere, recipere ac eciam retinere, sine juris prejudicio alieni. Nulli ergo omnino hominum liceat etc. Si quis autem etc. Datum apud Urbemveterem, X. kl. martii, pontificatus nri. anno primo (20 février 1273).

Délimitation du couvent des Clarisses (20 octobre 1468).

L'an de la Incarnation de nostre senhor mil quatrecens seys-santa huech, e lo jorn vuit del mes d'octobre, sie manifeste a totz que la venerabla e relligiosa sorre Margarida Pellana, abadessa del venerable monestier de sancta Clara d'Arle, ambe consentiment del Reverent payre ministre et de las autras donas mongas capitularment fach, e au son de la campana, coma es de bona costuma, ajan vendut I hostal lur, local es cituat en la parroquia de Sant Martin, ont solien esser lur monestier antiquament, au noble Nicholau de Sant Martin, per lo pres de mil flor. e I gros, cascun an, censal dessus lo dich hostal.

Local hostal se confronta à la maniera que s'ensuit. Et premierament se confronta lo vergier et hostal, d'una part, et dever aura drecha, ambe la carriera que ven de Sant Martin et va en la Jusataria granda ; et per so que lo dich hostal se confronta anbe hun altre hostal del dich sen Nicholau de Sant Martin, e per evitar question, per lo temps avenir, entre las doas partidas o lurs successor, volent canar so que se confrontara anbe l'ostal del dich de Sant Martin, que fout de Montoliu, en aquesta maniera. So es que, del bot davant la porta de la gleysa de Sant Martin, venent vers l'ostal del dich sen Nicholau, venent per la carriera sus dicha, a huech cannas e tres pals de lonc, et del hostal del dich sen Nicholau, tirant de lonc devers dedins la mayson, tirant la paret megiera entre lo dich e las donas morgas, avant entrar a una mayson crotada del dich sen Nicholau, e tirant dever marin, a nou canas de lonc, encluza lo rodon de la crota sus dicha. Item, tirant al canton dever la porta de Sant Martin, aven mesurat la paret e cort e mayson del dich hostal de Sancta Clara, dever lo plan de Sant Martin, que es ver solelh colquant, en tirant d'entre lo traversen que non passa e entro a una autre paret de las dichas donas en que a una fenestra ferrada, de lonc treze cannas. Item, de la dicha paret de la carriera traversa per lo vergiers e mayson, anan vers la paret de la mayson ont es la crota del dich sen Nicholau, e tirant ver levant, a nou cannas e sinq pals de travers. Item se confronta anbe lo dich sen Nicholau, una autre mayson de las donas en que fasien solier, que confronta an la mayson del dich sen Nicholau, que es crotada, e es dever aura drecha, en anbe la torre de la dicha mayson de las donas. Et a de largelas doas maysons de la crota del dich sen Nicholau fins a la dicha torre, so es, doas cannas et sinq pals et tres canas de lonc. Item, se confronta la dicha mayson anbe la traversa de las dichas donas, dever levant, e anbe las maysons de las dichas donas, dever colquant. Item, se confrontan las autras maysons del dich monestier la salas se tenon tocar ensemble anbe las autras confrontadas, so es dever darier, en lo traverso del plan de Sant Martin, d'un cartier, dever aura drecha, e dever solelh colquant, anbe las hostals de Benedich de Pertus, jusieu, e dever miech jorn, anbe l'ostal de messier Philip Destenay ho de sa molher, e anbe l'ostal que fout a Johannon Vian, que es a ras de mossen Johan de Olla, capellan de mossen Johan Quiqueran, de doas pars, so es en la cort de la polalhe, et dever miech jorn, la dicha cort confronta anbe la mayson que fout traversa, que es de Anthoni Falco. Item, devers devant, se confronta la dicha cort anbe lo hostal e cort de maystre Jaume Norricerit. Item, se confronta la dicha mayson, so es lo plan que es denfra la intrada de la dicha mayson, anbe l'ostal de Johannes Huetiy, dever solelh levant. Item, confronta la porta e intrada de la dicha mayson, dever solelh levant, anbe la traversa que es entre lodich ostal de Huety et la gleysa que era deldich ostal de Santa Clara. Item, confronta la dicha gleysa, que erra, anbe la dicha traversa de l'entrada de la porta, dever marin e, dever aura drecha, anbe una autra traversa de las dichas donas e del dich hostal e, dever levant, confronta anbe la carriera publica e, dever colquant, anbe la torre e hostal de las dichas donas. Item, la dicha traversa del dich hostal confronta, dever aura drecha, anbe una cort del dich sen Nicholau e anbe l'ostal de maystre Vidas Ferrier, jusieu, que es, al present de Margaridas, filha de Jaumellon Jove, molher que fout de Benezech del Pes e, dever marin, confronta anbe la glaysa que fout de la dicha mayson et, dever levant, confronta an la carriera publica et, dever colquant, anbe las maysons de las dichas donas. (Pangon).

Visite du monastere de Ste-Claire et Ordonnances rendues en conséquence.

L'an mil six cens vingt trois, et le mercredy, douziesme jour du mois de juillet, par devant nous Gaspard de Laurens, par la grace de Dieu et du Saint-Siege apostolique, archevesque d'Arles et prince, et dans nostre pallaix Archiepiscopal s'est presanté François de Varadier, escuyer, de ceste ditte ville d'Arles, assisté de André de Goyn, aussi escuyer, l'ung des sieurs consuls de lad ville, lequel nous auroit representé que le seigneur illustrissime et Reverendissime Vicelegat en la légation d'Avignon, ayant esté adverti de quelques desordres arrivés au Monastère de Sainte-Claire de l'ordre des Frères Mineurs Conventuels de ceste ville, à cause du deffault de la closture en icellui, pour esuiter les grands maulx et scandales que porroit y survenir à l'advenir, nous auroit commis pour visiter led Monastère, et en icelui faire observer la discipline reguliere et la closture conformement aux Constitutions Apostoliques, ainsi qu'il nous a faict apparoir de la Bulle de nostre commission donnée en Avignon, le premier jour du mois d'avril dernier, annexée par la Souveraine Cour de Parlement de Provence le vingt neufviesme may aussi dernier, lesquelles Bulle et Arrest d'Annexe nous auroit remis, ensemble la requeste presentée par Monsieur le Procureur-general du Roy requerant icelle annexe, et à ces fins nous auroit requis voulloir promptement procéder au faict etc.

En exécution de quoy le samedy, quinziesme du mois de julhet, à sept heures de matin, nous serions transportés aud monastere Sainte-Claire, accompagnés de Messieurs Charles Alazard, Docteur en Saincte Théologie et Chanoine de nostre Sainte Eglise métropolitaine, Reverends peres Freres Sperit Amiel, aussi Docteur en Sainte Théologie, et prieur du Couvent Saint-Augustin, Honnoré Grignon, Guardien du Couvent des Frères Mineurs Conventuels, Chrysostome Dupuy, aussi gardien du Couvent des Pères Capucins, et prédicateur, et Antoine Ribere, lecteur en Théologie et Religieux du Couvent des Peres Recollets de ceste ville, qu'avons choisis et esleus pour nous acister a lad commission suivant lad teneur de lad Bulle, n'ayant jugé à propos d'employer encores lesdits sieurs lieutenants et substituts du sieur procureur Général, et sieurs Consuls, à l'Eglise duquel monastère estant arrivés, serions montés à la tribune d'icelle, d'où aurions fait entendre a Reverende dame Marguerite de Privat de Mollieres, Abbesse, et à toutes ses Religieuses là presentes, que nous nous estions transportés aud Monastère pour proceder a l'effet de nostred commission, de laquelle nous lui en aurions faict faire lecture, laquelle Abbesse et Religieuses nous auraient unanimement respondu estre prestes d'hobeyr a la vollonté dud Seigneur Vicelegat et de la Cour ; et ce faict, aurions, pour d'aultant mieux estre conduits à une œuvre si saincte et importante, pour le bien, repos, et utillité dud Monastere et gloire de Dieu, faict celebrer la Messe du Saint-Esprit, et en après vizité le Saint-Ciboire et le tabernacle, qu'aurions trouvés en bon estat.

Aurions encore vizitté la Sacristie, qui est du costé de l'Evangille, près du grand autel, dans laquelle n'avons treuvé aulcungs ornements d'Eglise, nous ayant esté rapporté par icelles Religieuses qu'elles les tiennent tous dans led Monastere pour la seureté d'iceulx ; au moyen de quoy, attendu que lad Sacristie leur demeure inutille, et que, lhors qu'il est question d'administrer les Saints Sacrements de la pénitence et Sainte Eucharistie, il fault que le prestre se transporte à la susd tribune par des dégrés de bois avec beaucoup d'indescence, et que d'ailleurs le trelhis de lad tribune est d'une matiere fort faible et peu asseurée. Nous Archevesque, de l'advis des susnommés peres, avons ordonné que les dégrés pour monter à lad tribune seront abbatus et le confessional sera transféré a lad Sacristie ; en laquelle sera faicte une grande fenestre, d'environ trois pans de large et deux pans et demy d'hault, treslissée de deux treslis de fer à demi pan loing l'ung de l'autre, au mitan de laquelle fenestre sera faicte une petite porte fer de la haulteur et largeur d'un pan d'hault et deux tiers de largeur, tant dedans et dehors, laquelle sera fermée à clef, et ne sera jamais ouverte que lhors que on voudra administrer le Saint Sacrement de l'autel et de confession aud Relligieuses, laquelle clef de lad fenestre qui sera par dehors et celle de dedans sera gardée, la premiere par le confesseur desd Religieuses, et la seconde par la dame Abbesse ; et lad grande fenestre entre led treslis fer sera fermée d'une fenestre bois, laquelle demeurera aussi fermée à clef. laquelle sera gardée par lad dame Abbesse, pour estre ouverte aux cas susdits ; et affin que lesd Relligieuses ne soient veues par led treslis, sera couvert d'un rideau de toile noire ou de treslis, qui ne pourra estre hosté que lorsque icelles Religieuses vouldront recepvoir la Sainte Communion ; joignant laquelle sera faicte une autre fenestre. pour y mestre une roue, au moyen de laquelle lesd Religieuses puissent de lad Sacristie donner et recepvoir les ornements, callices et autres choses necessaires de la Messe et autres offices divins ; et affin que lesd Relligieuses puissent entrer dans lad Sacristie du costé de leur monastère, sera en icelle faict une porte, et d'aultant que la Sacristaine dud Monastere laquelle, par cy devant, alloit fermer et ouvrir la porte de lad eglise par le moyen des degrés de lad tribune, ne pourra pas cy-après y vacquer, attendu qu'il n'y a aultre passage en lad eglise, avons ordonné que la porte de lad eglise sera ouverte et fermée par une des servantes dud monastere par le dehors, dont la clef sera remise en mains de lad dame Abbesse.

De là, serions allé à la porte maistresse par laquelle on entre aud monastere et par icelle serions entré dans un membre d'environ quinze pas de tout carre, duquel on se sert à présent de parloir, n'y ayant qu'une petite fenestre treslissée d'un seul fer, par laquelle une personne peut seulement parler à la fois ; et d'aultant que oultre telle incommodité, lad porte et entrée se trouve une traverce peu passante et vis-à-vis d'autre petite ruelle, à laquelle ont peut aller sans estre veu, et parler mesme avec les Religieuses au moïen des fenestres qui sont sur le membre dud parloir, nous serions enquis sy l'entrée du Monastere et parloir se pourrait faire en rue plus passante et non suspecte ; nous ayant esté remonstré par lesd Religieuses que tels changemens ne se pourroient faire que au destriment et diminution de leurs rentes, lesquelles ne sont presque suffisantes de les norrir et allimenter, nous en serions informés de personnes notables, lesquelles nous auroient conduit à une chambre basse appartenant aud monastere, tenue en louage par un maitre Tourneur, assise à la grande rue qui va a la porte de St Laurans, confrontant du couchant la maison de Jean Mandrin, Bourgeois, et, du levant, autre petit membre appartenant aux Monastere, aboutissant celle du sieur François Constantin, docteur et advocat lequel membre est d'environ vingt huict pans de tout carré, se joignant par derriere avec le ciel-ouvert dud Monastere ; au moyen de quoy, apres avoir icellui bien veu et examiné, tant du costé dud Monastere par le déhors, veu mesmes qu'il aboutit a trois rues principales de la ville, et est vis a vis la maison du seigneur Marquis de Bressieux, avons ordonné que les portes et entrée du Monastere ensemble la fenestre dud parloir seront fermées à chaux et sable, seront changées au membre où demeure à présent led Tourneur, lequel membre sera separé en deux par une muraille de massonnerie de deux pas d'espais ; à laquelle muraille sera faict une porte viz à viz de celle de la rue : après laquelle porte sera faict une fenestre d'environ six pans de large et trois d'haulteur, laquelle sera treslissée d'un double treslis de fer, semblable à celui de la Sacristie, qui servira de parloir, après laquelle fenestre sera faict autre fenestre de cinq pans d'haulteur et trois pas de large pour y mettre une roue pour donner et recevoir de jour à autre les choses nécessaires aud Monastere, sans ouvrir lesd portes ; oultre lesquellés portes de la rue et dud parloir en sera faict encores une autre, vis à vis d'icelle, à la muraille qui aboutit led ciel-ouvert, pour avoir l'entrée et yssue dud Monastere.

Serons après entrés dans led Monastere et montant par la vix d'icelluy aurions veu deux fenestres sans estre treslissées ; et sy bien lesd fenestres visent dans l'enclos dud Monastere, néaultmoings, parce que l'une et l'autre aboutissent le toict d'icelluy, avons ordonné que lesd fenestres seront treslisées.

De là nous serions transportés sur la tour ; et ayant appris que les Religieuses y vont prendre le frais en hesté et le soleil en hiver, et peuvent estre veues des laics, et notamment de leurs voisins qui ont des tours fort proches d'icelles, avons ordonné que lad tour sera haussée de deux filades d'ung demi buget, affin de nestre veues ; bien leur sera permis y faire de clairvoyes de quatre doigt de large, affin de pouvoir veoir, et n'estre point veues, laquelle tour sera fermée d'une porte ; comme aussi les fenestres joignans lad porte seront fermées d'un treslis de bois.

Vizittant led Monastère, et passant par une petite gallerie neufve regardant la maison du sieur Mandrin, aurions veu deux fenêtres, joignans presque le toict dud monastère, desquelles on peut parler avec ceulx de la maison dud sieur Martin, avons ordonné que lesd fenestres seront fermées à chaux et sable, et qu'au lieu d'icelles seront faictes trois ovalles plus hault que lesd fenestres, pour donner jour à lad Gallarie, lesquelles ovales seront treslissées de fer.

Vizittant la chambre de la Dame d'Eyguieres, aurions veu la fenestre qui vize dans le jardin du sieur Constantin, et aurions trouvée qu'elle n'est pas esloignée de plus de six pans d'hault dud jardin, au moyen de quoy nous avons ordonné qu'il sera faict une lucarne en façon qu'elle puisse donner jour dans lad chambre, et que d'icelle fenestre on ne puisse regarder dans led jardin.

Comme aussi visitant la chambre de lad Dame Abbesse, avons en icelle veu une fenestre d'environ un pan d'hault et demy pan de large, laquelle fenestre regarde la rue où est la maison dud sieur Constantin, à laquelle avons ordonné qu'il y sera mis ung treslis de fer, et oultre ce qu'elle sera vitrée.

Avons aussi ordonné que la fenestre, laquelle est sur la porte de la rue du parloir de present, visants à la ruelle de St Laurens, sera accreue de deux barres de fer, afin que les

Religieuses ne puissent voir la rue ; et oultre ce sera vitrée en façon qu'elle ne se puisse ouvrir. La fenestre du grenier tournant du cousté du midy, attandu qu'elle est trop proche du toit, sera changée du cousté de la rue, et treslissée ; et encores sera treslissée celle qui est à présent au grenier du mesme cousté. La muraille qui est derrière le presbitere, confrontant la maison du sieur d'Eyguières, sera haussée d'une canne d'haulteur.

Et après avoir remédié à tout ce qui regarde à la closture, et nous estre informés des Religieuses s'il n'y avoit aulcunes discensions, débats, et querelles parmi elles pour les composer suivant notre commission, ayant appris qu'elles étoient toutes d'accord, aurions procédé au derni r chef de notre commission, qui est de la dissipline régulière ; et à cest effect nous serions enquis tant de lad Abbesse que anciennes Religieuses si elles avoient aulcune règle par escript et quelle estoit leur façon de vivre. Lesquelles unanimement nous auroient respon lu qu'elles n'avoient aultre regle que par tradition, vivants toutes en une table commune, estans entretenues des alliments de bouche des rentes dud Monastere, n'ayant d'icelluy aulcun vestiere, ainsi chacune le retirant de leurs maisons au moyen de certaines pentions qu'ils leur font leur vie durant, desquelles elles s'entretiennent d'habits. et de médicaments en cas de maladie, n'ayant led. Monastere le moyen de les entretenir mallades ; au moyen de quoy nous ont requis que, faisant lad closture, attendu qu'elles craignent estre abbandonnées de leurs parants, qui ne daignent leur payer leurs pentions, comme les aulcungs se sont rendus reffusans de les payer durant longues années, il nous plaise par nos reglements leur donner quelque sollaigement à ce que estants désormais employées à la vie contemplative, elles ne s'en trouvent distraictes et destournées par la necessité et faulte de tirer leurs pentions ; et en ce qui est des règles, constitutions, et formes qu'on doit tenir à la vie spirituelle, celebration de l'office divin, eslection des supérieures et officieres, administration des biens temporels, façon des vestements, silence, et autres choses deppendantes de la vie monastique, ont dit que de temps en temps leurs Superieurs provinciaulx et viziteurs generaulx de l'ordre St François, conventuels, leurs en donnent les ordres, nous ayant faict apparoir des Ordonnances rendues en la dernière visite faicte par le Reverend pere provincial du troisième juillet dernier, estant de la teneur qui s'ensuist. « Ordonnances pour les Reli-

« gieuses de Ste Claire faictes par le Reverend pere provinçial Mᵉ Hierosme Gaignon, en la visite formelle, le troisiesme juillet, mil six cent vingt trois.

« 1° Pour toutes les Religieuses, tant professes que novi-
« ces, paroistront au cœur pour chanter les offices, et ne
« pouront s'en absenter sans la licence de Madame l'Ab-
« besse, laquelle ne la donnera point sans grande necessité.
« 2° Elles se confesseront toutes les festes, dimenches, et
« vendredis de l'année, puisque par fréquentation des Saints
« Sacrements, nous conservons la pureté de nos âmes.
« 3° Toutes les Religieuses se trouveront au Réffectoir aux
« heures de la réfection, avec modestie, où elles garderont le
« silence et principalement pendant la lecture de quelque
« livre spirituel ; et Madame l'Abbesse mortifiera les désho-
« béissantes à ses commandements.
« 4° Il y aura uniformité d'habits et de linge.
« 5° Aulcune Religieuse ne pourra s'entretenir avec mon-
« dains, ou Religieux, et prestres sans une compagne,
« laquelle sera présente à tous les discours, comandant en
« vertu d'obédience d'esviter toutes les compagnies qui appor-
« tent du soupçon et de scandale.
« 6° Madame l'Abbesse fera mettre des fers en toutes les
« fenestres de la Tour, selon l'ordonnance faicte en ma visite
« et fera faire le parloir en la forme ordonnée. Cependant je
« deffends tant à Madame qu'aux aultres Religieuses, de sor-
« tir au parloir ; et celles qui gardent les clefs ne le permet-
« tront en aulcune façon ; et affin qu'on connaisse que je veux
« l'exécution de ces ordonnances, je commande à Madame de
« les faire observer exactement, sous peine de privation d'of-
« fice ; et en cas qu'il y ayt des deshobéissantes, elle les mor-
« tifiera avec la sévérité requise. En foy de quoy je les ay
« signées de ma main propre, et scellées du sceau de nostre
« Office, ce VIIᵐᵉ julhet, mil six cent vingt trois.

Signé : Frère HIESROSME GAIGNON, provincial.

Lesquelles ordonnances par nous veues, attendu qu'elles sont trop concises, et ne particularisent assez toutes les choses necessaires à la clostures et discipline reguliere, Nous Archevesque et commissaire, par un reglement perpetuel, avons ordonné en premier lieu, en ce qui concerne le service divin, que comme c'est le principal office et debvoir desd Religieuses de vacquer au service de Dieu, et chanter ses louanges, elles frequenteront le chœur jour et nuit, et acisteront a toutes les heures canoniales avec l'honneur, respect, et reverence que s'appartient et notamment aux Matines excepté les malades, sexagenaires, et celles qui auront quelque legitime empeschement, dont en chargeons la conscience de l'Abbesse pour les en pouvoir dispenser, psalmodiant et chantant distinctement, posement et avec attention, y appourtant le cœur conjoinctement avec la voix : pendant lesquelles heures et service ne sera permis à aulcunes des Religieuses parler, rire, dormir, vaquer avec l'esprit ou avec les yeux, en faire aultre action indescente et indigne de la maison de Dieu et de sa divine Majesté, avec laquelle on parle à l'oraison.

Chacune se trouvera au commencement des Offices revestue de l'habit convenable à son ordre, demeurant à sa place et y perseverant jusques à la fin, et jusques à ce que la Supérieure ou, à son absence, celle qui regira le chœur faira le signe pour en sortir, ou seroit, que par quelque necessité urgente la mesme supérieure en heust donné la permission, soubs peines aux deshobéissantes d'estre severement punies à l'arbritage de l'Abbesse, et suivant la gravité de leur faute.

Ne sera permis à aulcunes des Religieuses de dire au chœur son office en particulier, mais toutes chanteront ensemblement, et celles qui pour quelque occasion légitime ne pourront assister aux divins offices dans le chœur, resteront obligées de réciter leur office avec dévotion dans leur chambre.

L'heure de Matines se commencera, despuis la feste St Michel jusques aux festes de Paques, à six heures du matin : et despuis les festes de pasques jusques à la feste St-Michel, à cinq heures aussi du matin, lesquelles se diront tout de suite avec Laudes et Prime. Les heures de Tierce et Sexte se diront despuis la Saint Michel jusques à Pasques à neuf heures du matin, et tout de suite la Messe conventuelle, après laquelle se dira aussi l'heure de None : et despuis Pasques jusques à Saint Michel se diront à huit heures aussi du matin ; laquelle messe conventuelle se dira tous les jours ouvriers à voix basse, et les festes et dimanches sera chantée suivant leur ancienne coustume. Les vespres et complies se diront aux jours ouvriers à trois heures après midi, et les festes et dimanches à deux heures, où seroit au temps du Caresme qu'on les dira conformement aux ordonnances de l'Eglise.

Oultre lesquels offices du jour seront dits les offices de Notre-Dame et des morts, suivant leur ancienne coustume, à laquelle nous n'entendons desroger.

Et d'aultant que l'Oraison mentale est d'aultant plus excellente par dessus la vocale, que l'ame est plus précieuse et plus noble que le corps, et qu'elle apporte des incroïables consolations aux ames devotes, les comble de nouvelles graces, les transformant en Dieu en certaine façon, à ceste cause, avons ordonné que, oultre lesd. heures canoniales, les Religieuses fairont tous les jours durant une heure l'oraison mentale dans le Chœur, sçavoir demi heure immédiatement après matines, et l'aultre demi heure après leurs complies ; à laquelle oraison esleveront leur cœur à Dieu, exhortant à ces fins leurs supérieurs et confesseurs de les instruire en un si hault et si sainct exercisse.

Oultre lesquelles oraisons, les avons exhorté et leur avons enjoinct, le soir avant que se retirer, et mettre au lict, faire l'examen de leur conscience dedans le chœur, et à la fin d'icelluy réciter les litanies de Notre Dame ; et à ces fins sera sonné une cloche pour faire le signe à sept heures et demi d'hiver et à huit heures et demi d'esté.

Et comme il n'est rien qui nous dispose d'avantage à recepvoir la grace de Dieu que la fréquentation des Sacrements, à ceste cause, avons ordonné que toutes les Religieuses se confesseront et communieront de quinze en quinze jours, et oultre ce toutes les festes sollempnelles, celles de Notre Seigneur, de Notre Dame, de Saint François, et autres de leur Ordre, et tous les dimanches de l'avent et caresme.

Oultre leur confesseur ordinaire, leur sera bailhé trois fois de l'an, ou par nous ou par leur suppérieur, un confesseur extraordinaire, auquel il leur sera permis, s'y bon leur semble, se confesser ; comme aussi, en cas qu'à l'article de la mort ou de malladie où il y aye danger de mort, aulcune desd Religieuses demande un confesseur extraordinaire, led confesseur luy sera accordé, proveu qu'il soit personne capable ; tous lesquels confesseurs doibvent estre personnes advancées en eage, prudents, grandement pieux, et qui ayent la crainte de Dieu.

Et parce que l'ame ne peult longuement subsister en la vie spirituelle, si elle n'est repue de la viande et alliment de la parolle de Dieu, qui est sa propre pasture les supérieurs de l'Ordre sont exhortés de procurer que la parolle de Dieu soit preschée auxd Religieuses le plus souvent qu'il leur sera possible, et du moings au temps de l'avent et du caresme, par des doctes, prudents et pieux prédicateurs, soit de l'Ordre ou autres, afin qu'elles soient instruictes tant en ce qui concerne le culte et service de Dieu, que en ce qui est de l'observation de leur regle, et des vœux qu'elles ont sollemnellement professez.

Les jeusnes et abstinences sont les vraies et asseurez moyens pour dompter, asservir et mortifier cette chair, qui ne cesse de guerroyer l'esprit, et luy donne des assauts continuels pour le perdre et le faire succomber, à ces fins, avons enjoinct à l'Abbesse de faire observer auxd Relligieuses les jeusnes ordonnés tant par l'Eglise que par la constitution de leur Ordre, et punir les rebelles en cas de contrevention, dont en avons chargé sa conscience ; comme nous lui avons permis d'en dispenser, lorsque le cas le requerra.

Un des principaulx moyens pour maintenir les personnes Religieuses en leur debvoir, et que plus est, les enflammer davantage en l'observance de leur regle, est la fréquentation des Chappitres, où chacun rend compte de sa vie, les Discoles et deshobéissances sont punis et chastiés, les vertueux et bons publiquement loués et honnorés, à ceste cause avons ordonné que toutes les sepmaines, à chaque jour de vendredi, sera tenu chappitre, où toutes les Religieuses seront tenues d'assister, où seroit en cas de malladie ou autre excuse légitime, dont la connaissance en est laissée à la supérieure, et les défailhantes seront severement punies à l'arbitrage d'icelle, avec le conseil toutes fois des discrettes et anciennes Religieuses ; auxquels Chappitres seront corrigés les deffaults et manquements faicts en public, et les défaihantes recepvront les pénitences qui leur seront establies, demandans pardon de leur faultes, pour les accoustumer d'aquerir toutes les vertus necessaires aux Relligieuses. Et, en oultre, sera traité en iceulx chapitres des affaires temporelles et de l'économie du Monastere, lhors qu'il s'agira de quelque affaire d'importance.

Les Relligieuses doivent garder la modestie non seulement au chœur, au cloistre, au chappitre, mais encore au reffectoir, où elles se trouveront toutes aux heures du disner et souper, pour estre à la benediction de la table ; après laquelle benediction chacune se logera en son rang en lad table, suivant l'ordre de sa reception, de laquelle aulcune ne pourra partir qu'après avoir rendu grace à Dieu, s'y ce n'est pour quelque affaire d'importance, et avec la licence de l'Abbesse ou autre supérieure, et pendant le repas sera leu un livre de dévotion ou de la Saincte Escripture par l'une desd Relligieuses, affin que les autres ne pensent pas sullement à nourrir leur corps, mais encore leur ame de quelque devote et spirituelle refection, leur deffendant de parler, rire, s'entrequereller, faire du bruit, et porter leur veue et leurs yeux en diverses parts, ainsi garder le silence, s'y ce n'est pour quelque chose necessaire et à voix basse ; duquel silence l'Abbesse dispensera rarement ; et en cas qu'elle en dispense, lesd Relligieuses demeureront avec discretion et modestie, ainsi qu'il convient aux vrayes servantes de Jesus-Christ ; et en cas de contravention à la présente ordonnence, seront les deshobeissantes punies à l'arbitrage de l'Abbesse.

Après le repas tant du matin que du soir, lesd Relligieuses prendront une heure de recreation, et après se retireront chacune à son ofice et obedience ; après l'heure de recreation du matin, elles se rendront toutes ensemble en un lieu à ce destiné, pour s'occuper à ouvrages honnestes et decens à leur profession, affin que par ce moyen elles se gardent de l'oysiveté, de laquelle naissent toutes sortes de vices, et demeureront à tels exercices jusqu'à l'heure de vespres, pendant lequel travail la dame Abbesse, la vicaire, ou à leur deffault la plus ancienne prendra garde à ce qu'il ne soit dit, chanté ou parlé choses salles ou profanes ; et les jours des festes et dimanches, aux mesmes heures, s'entretiendront en la lecture des livres de devotion, et à conferer des choses spirituelles, leur enjoignant de passer le reste du jour avec silence dans leurs chambres, y vacant à la lecture de quelque livre spirituel, ou autre devotion telle que chacune agreera le plus, leur deffendant de vaquer auxd heures par led Monastere, et inquiéter le repos de celles lesquelles dans leurs chambres et cellules vaqueront aux exercices susdits. Sur quoy les supérieurs de l'ordre et confesseurs sont exhortés de recognoistre de temps en temps les livres desd Religieuses, les constraignant en vertu de sainte obédience de leur exhiber tous ceulx qu'elles manient et qu'elles tiennent dans leurs chambres, et leur faisant inhibitions d'en tenir ou lire aulcungs qu'ils n'ayent esté approuvés par lesd supérieurs, à peine d'en estre severement punies

Et pour remedier aux abus qui se sont introduits aud Monastere au faict de leurs vestemens et habits depuis quelques années, procedant à la refformation d'iceulx, avons faict et faisons inhibitions et deffences auxd Relligieuses de pourter, parcy après, aulcunes estoffes de soye, bagues, joyaulx, chaînes, pierreries, brillants, brasselets, gants et bas de soye, solliers à poulaines, ny descoupés, rozes sur iceulx, poudre de senteur ni emmiellée, friser et fere monstre de leurs cheveux, ainsi leur avons enjoint d'aller modestement vestues, pourtant leurs robes faictes en la vieille façon, et, comme est l'habit de sainte Claire, en forme de soutane de cadis ou sarge, de la colleur de l'Ordre et de mesme livrée, une bavette de toile devant l'estomac, et par-dessus leurd robe un cordon de saint François, le voile blanc sur la teste, et au-dessus un voile noir, pourtant leur front couvert d'un frontal de toile blanche, et mesmes le manteau pendant et durant l'office, se ressouvenans les Relligieuses que ce n'est pas la beauté du corps et l'ornement des habits qui doivent rendre recommandable une Religieuse, mais bien la beauté de l'ame, et l'ornement des saintes vertus. Et pour d'aultant mieulx faire observer lad ordonnance, est enjoint à l'Abbesse de visiter deux ou trois fois de l'an les coffres des Relligieuses, accompagnée de la vicaire et discretes, pour veoir sy dans iceulx elles y tiennent choses indescentes à des Relligieuses, et contre la pauvreté qu'elles ont professé ; de laquelle vizitte sera faicte rapport aux supérieurs.

Et d'aultant que le principal abus qui s'est glissé aud Monastere, et duquel nous en avons heu la cognoissance par les Relligieuses mesmes, est en la reception des Novices, lésquelles, puis longtemps, y ont esté receues, les unes en très bas eage, et les autres forcées et contrainctes par leurs parants, affin de descharger leur maison, et, qui pire est, ayant la pluspart faict leur profession avant que d'avoir atteint l'age porté par les saints concilles et canons, remediant à ceste pernicieuse coustume, Nous Archevesque et Commissaire avons ordonné que lhorsque aulcunes filhes seront presentées pour estres receues Novices aud Monastere, la dame Abbesse, apres s'estre deuement informée de son eage, qui sera au moings de douze années, de la vie, mœurs, relligion catholique et bonne reputation des parents d'icelles, de la santé et bonne disposition des membres des presentées, pour pouvoir exercer les fonctions de la regle de Sainte Claire, sera obligée d'advertir lesd parents de l'excommunication laxée par notre Saint-Père contre ceulx et celles qui forcent leurs enfans d'entrer en relligion ; et, oultre ce, ayant deuement informé les presentées de la regle de l'Ordre, de l'aspreté de vivre, de veilhes, oraisons, jeunes, et silence qu'il faut observer en icelle, seront obligés tant lad Abbesse que parants de nous presenter lesd filhes, ou en notre absence à Notre Vicaire-general et official, affin de les examiner, et interroger, et descouvrir par tel examen si lesd presentées ont esté contraintes ou seduites d'entrer en relligion, et sy, en y entrant, elles ont connaissance de ce à quoy elles s'obligent ; lequel ordre sera observé en la profession desd Novices, lesquelles nous seront encores presentées un mois auparavant lad profession ; laquelle ne porra estre faite devant l'eage de seize ans, et qu'elles n'ayent acheve l'année d'approbation, et saichent bien disposer et dire leur office, et qu'elles ne soient esté par nous ou nostre Vicaire-General instruites et advertics de quelle importance sont les vœux qu'elles ont à faire affin que desormais elles ne se puissent plaindre ny réclamer faulte d'avoir receu les enseignements sur ce nécessaires. Lesquelles receptions au noviciat et profession ne porront estre faictes que après que les Religieuses auront esté capitulairément assemblées, et que par la pluratité des voix, qu'on fera par ballotes secretes pour esviter toutes brigues, et affin que sans aulcung respect ou crainte chacune puisse satisfaire au deub de sa conscience, et eslire ou reffuser la presentée, ayant jugé si elle est propre pour la Religion et bien du Monastere ; et en cas que aulcune novice ou professe fut par ci-après recue sans avoir observé l'ordre que dessus, avons déclaré telles entrées et professions nulles, et les Abbesses suspendues de leurs charges durant le temps qui sera advisé par le superieur.

Aulcune ne pourra estre recue novice, qu'au prealable n'aye recu le Sacrement de Confirmation, et que les parents d'icelle n'ayent consigné sur un fonds très assuré, devant leur profession, la somme de 500 fr. pour le moings, et ce au proffict dud Monastere, pour l'entretien de la vye tant saine que mallade, et des habits de la présentée, oultre et par dessus les pentions que les parents ont accoustumé de donner pendant la vie de chacune desd. Religieuses.

Et remediant a l'abus qui s'est introdruit par cy-devant aud Monastere, en ce que chacune desd Religieuses prenait certaine somme de deniers en son particulier, soubs pretexte d'un pretendu droit d'entrée, ce qui ne se peult faire sans simonye, leur avons fait et faisons inhibitions et deffences de prendre à l'avenir aulcune chose quelle qu'elle soit, à peine d'excommunication et aultre arbitraire.

Il est certain que de l'eslection aux charges et offices deppend une bonne partie du bien ou du mal des Monasteres et maisons Religieuses ; car sy on eslit de personnes cappables, et qui ayent la crainte de Dieu, l'on en peut espérer un bon et sainct gouvernement ; comme, au contraire, si ceulx qui sont esleus sont incapables et d'une vie licencieuse, il se fault assurer que les choses yront bientost à leur ruyne, et la discipline regullière se verra bientost destruite et dissipée : à ces fins avons exhorté et exhortons lesd. Relligieuses de ne vizer auxd eslections à aultre chose qu'à la gloire de Dieu, au bien et utillité dud monastère, et, mettant arrière leur intérest particulier, donner leur suffrages à celles qu'elles jugeront les plus dignes et cappables, lesquels suffrages se donneront secrètement et par ballotes, en façon que celle qui sera esleue aye une voix par dessus la moitié desd Relligieuses, laquelle élection se fera en présence du supérieur de l'Ordre, ou tel aultre que sera députté, et ce à la fenestre et treslis de la sacristie, faisant inhibitions et deffenses auxd Relligieuses rechercher ny briguer les charges directement ou indirectement par elles ou par personnes interposées, en quelle façon et manière que ce soit, ains laisser conduire telles eslections au Saint Esprit, à peine d'être déclairées incapables desd charges, et d'en estre privées à l'arbitrage de leur suppérieur, et autre arbitraire. déclarant que lhors quy y aura deux sœurs germaines, lesquelles pourront estre proveues aux charges, après que l'une d'icelles aura esté esleue Abesse, que l'autre desd sœurs ne porra estre prouveue d'autre charge, pour oster toute sorte de plainte auxd Religieuses à cause du support. avons en oultre ordonné que auxd eslections les Relligieuses qui ne sont professes, ne pourront assister ny donner leur voix ; et celles qui seront esleues ne pourront refuser leurs charges, à peine d'estre privées de voix active et passive en fait d'eslection, jusques à ce qu'elles soient rehabilitées par leur suppérieur ; lesquelles eslections se fairont de trois en trois ans, et finiront leurs charges lesd trois années passées, sans y pouvoir estre continuées que après un autre terme, en ce qui est de l'Abesse tant sullement.

Aulcune ne pourra estre esleue Abbesse, qu'elle n'ayt atteint l'aage de quarante ans, et avoir vescu irréprochablement durant huict années après sa profession ; et ne s'en trouvant aulcune dans le Monastère de tel aage, sera au moins esleue à l'aage de trente ans, et qui aye vescu au moings cinq années après sad profession sans aulcung reproche ; et qu'elle soit telle. que comme elle doibt preceder toutes les autres en honneur, elle les devance aussi en vertu et sainteté de vye.

A lad Abesse appartient assembler les chappitres, faire les

corrections, imposer le scilence, tenir le premier rang en toutes sortes d'actions, soit au chœur, au reffectoir, au chapitre, ou au Cloistre, administrer les biens temporels, et avoir les premiers honneurs ; aussy comme bonne mère elle doibt convier ses Relligieuses au service de Dieu, et les y attirer par son exemple, se trouvant toujours la première aux sts exercisses, les animant et les instruisant à la vertu, affin que tous ensemble elles puissent profitter à la Relligion qu'elles ont professé, se rendant soigneuse de conserver la paix parmi lesd Relligieuses, chassant et banissant toute sorte de discorde entre elles, se rendant douce et benigne à commander, prompte et zélée à reprendre, juste et sévère à donner les pénitences, et dilligente à prouvoir aux necessitez dud Monastère, tennant toutes choses en esgallité par une discrétion religieuse, provoyant à la necessité de chacune en particulier, et les traitant toutes suivant la justice, ne caressant n'y persecutant l'une plus que l'autre par sa propre passion ou affection particulière, prenant garde que chacune fasse son office tant dans le chœur que autres lieux dud Monastère, et empeschant que l'une n'empiette sur la charge de l'autre, faisant garder le scilence aux heures d'icelluy, et punissant celles qui le rompront, se rendant soigneuse sur toutes choses que le parloir soit bien fermé tant dedans que dehors, et qu'il ne soit ouvert sans son sceu, ni fréquenté par les Relligieuses sans juste cause, visitant souventes fois les chambres d'icelles, et empeschant qu'elles ne tiennent rien d'indecent dans icelles, usant d'une grande charité envers les Relligieuses mallades, les exhortant de se confesser, et se ressouvenant toujours qu'elle doibt rendre compte à Dieu de toutes les faultes et manquements que commettront lesd Relligieuses par sa négligence.

La mere vicaire sera esleue en la mesme forme qu'elle estoit esleue auparavant ; qui sera choisie des plus anciennes et vertueuses dud monastère ; laquelle, en absence ou légitime empeschement de l'Abbesse, faira les mesmes fonctions d'icelle.

Et affin que led Monastere soit regi avec l'ordre que s'appartient, avons ordonné que désormais serout esleues deux Relligieuses, discrettes, les plus capables dud Monastère, sans le conseil et advis desquelles l'Abbesse ne pourra rien entreprendre aux affaires d'importance, tant spirituelles que temporelles, et sans la présence de l'une desquelles, les Relligieuses ne porront parler aux personnes séculieres et autres par le treslis ou par la roue ; enjoignant ausd discrettes d'entendre tous les discours quy se tiendront entre lesd Relligieuses et estrangers qui parleront à elles, affin que rien ne se passe quy puisse donner de l'escandalle, à peine d'estre sévèrement punies à l'arbitrage de l'ordinaire.

Sera aussi annuellement esleue, suivant la coustume ancienne, une Maistresse des Novices, laquelle aura le soing de le instruire à la crainte et service de Dieu, à disposer et dire leur office, aux cérémonies de la Religion, et à l'observance des Règles de leur Ordre, taschant par sa bonne vie, exemple, et assiduité, et charitables admonitions de les rendre cappables de servir la Relligion et led Monastère ; deffendant à toutes les autres Relligieuses de s'entremettre à l'instruction des Novices, ains d'en laisser le soing a leurd Maistresse.

La Sacristaine, laquelle sera aussi esleue suivant l'ancienne coustume, provoira à ce que les ornements de l'Eglise soient bien entretenus, les nappes, corporals, et autres linges servants à la Messe soient netz et blanchis comme s'appartient, et à les donner et recepvoir des Relligieux qui cellebreront la Sainte Messe journellement.

Seront encore esleues deux Relligieuses portières ; la première desquelles gardera la clef de la première porte pour sortir du Monastère au parloir, et une autre clef de la porte dud parloir ; et la seconde portière gardera une autre clef de lad porte du parloir, et la clef de la porte de la rue ; laquelle porte de la rue, estant le mastin ouverte, ne porra estre fermée jusques au soir, ains sera arrestée par quelque crouchet ou cadenat, affin que tout le monde puisse veoir ce quy se foit dans led parloir. L'office desquelles portières sera, savoir de la première, d'ouvrir la première porte dud Monastère, pour respondre à ceulx qui veullent parler de la roue, recepvoir ou donner par icelle les choses nécessaires aud Monastère, et ouvrir encore l'une des serrures de la seconde porte, pour faire entrer les Médecins, Appoticaires, Chirurgiens, Bollangers, et autres personnes nécessaires deuement par nous dispencées ; et l'office de la seconde portière, d'ouvrir l'autre serrure de lad seconde porte, aux cas susdits, et de fermer et ouvrir la porte de la rue ; demeurant lesd deux portières durant le jour saizies desd clefs.

L'obeysssance, par laquelle nous renonçons entièrement à notre propre volonté pour faire celle des supérieurs, qui nous représentent en cella la personne de Jésus-Christ, est la mestresse et la reine des vertus, tellement agréable à sa divine Majesté, qu'elle la prefferc mesmes aux sacrifices : à cette cause avons ordonné que toutes lesd Relligieuses hobeyront à la mère Abbesse, et en son absence à la Vicaire, exerceront les charges que par icelles leur seront données, accompliront les penitences qui leur seront injointes ; et celles qui seront deshobeyssantes seront punies par lad Abbesse, et les rebelles et incorrigibles seront mizes en prison, et punies par le Supérieur.

Et d'aultant qu'il n'y a rien à quoy on doibve plus soigneusement veiller que à la conservation de ce trésor inestimable que les Relligieuses ont voué à Dieu, qui est leur virginité, et à ce que leurs sainctes resollutions et delliberations soient fortiffiées contre les embusches du Diable, nous Archevesque et Commissaires, provoyant au principal chef de notre dite commission, qui est la closture dud Monastere, avons ordonné que inhibitions et deffances séront faictes à toutes personnes, de quelle qualité et condition qu'elles soyent, de hanter, fréquenter, ny entrer aud Monastere, ny mesmes de parler aux Religieuses par le trellis du parloir, sans une permission signée de notre main, à peyne d'excommunication; laquelle permission estant donnée à la portière, la remettra entre les mains de l'Abbesse, pour la garder, et nous en rendre compte de temps en temps ; et permettra, sy elle le juge estre nécessaire et expediant, à la Religieuse demandée de parler par le trellis avec cellui ou celle qui aura porté notred permission, estant accompagnée de l'une des Relligieuses discrettes, qui luy sera donnée par lad Abbesse, et non autrement, laquelle discrette, outre qu'elle sera soigneuse d'entendre touts leurs discours, qui se feront à voix intelligible, et non en secret, ny en parolles vagues et prophanes, fera retirer lad Religieuse le plus tost quy luy sera possible, empeschant par ce moyen qu'elles ne perdent le temps à choses inutilles. Semblables inhibitions sont faicte auxdittes Relligieuses portieres de parler ou faire parler aux mondains, sans la permission de lad Abbesse, oultre la peyne susditte, soubs la peyne encores de ne parler à personne durant troys mois, et affin que les Relligieuses ne soient veus descouvertes aud parloir, avons ordonné qu'elles ne se présenteront aud treillis que estant couvertes de leur voille noir jusqu'à la bouche, ce qu'elles observeront aussy dans le Monastere toutes les fois que quelque personne estrangere, de quelque qualité qu'elle soit, entrera dans led Monastere pour les afferes d'icelluy. Avons aussi ordonné que le trellis dud parloir sera couvert d'une toylle noire, et en outre fermé d'une fenestre de bois, qui demeurera fermée la nuict à clef, comme la fenestre de la roue d'icelluy parloir, lesquelles ne se pourront ouvrir que par le commendement de la supérieure, et qu'il ne soit grand jour, et seulement en cas de besoing. Leur sont pareillement faictes inhibitions et deffences de parler aux jours qu'elles font la saincte communion, durant le temps de l'Advent, Caresme et jours de veilles, où seroit avec dispence, laquelle ne leur sera concédée qu'avec urgente nécessité. Prendront garde lad Abbesse et portières de ne se laisser point tromper, et decepvoir par ceux qui leur porteront nosd permissions, à ce qu'il n'y aye de la supposition en icelles, les faisant servir pour ung jaçoit qu'elles aient été concédées à un autre ; auquel cas elles nous en tiendront advertis, pour faire procéder à la punition contre les coulpables. Toutes les années les Médecins, Chirurgiens, Appoticaires, Boulangers, Meusniers et autres personnes necessaires aud Monastere prendront licence de nous, qui leur sera renouvellée d'an en an, lesquels Medecins, Chirurgiens, et autres seront accompagnés par deux des plus anciennes Religieuses aux chambres et lieux où la nécessité le requerra, ayant au préalable toutes les autres Religieuses esté adverties par le signe d'une cloche de faire retirer chascune en sa chambre, affin qu'elles ne soient veues, leur deffendand de parler et s'entretenir avec telles personnes sans nécessité, à peyne de privation de voix active et passive durant un an, et là où arriveroit qu'aulcun Médecin ou Appoticaire extraordinaire fut appelé aud Monastere, ne porra y entrer sans nostre licence, par escript, à peine d'excommunication ; lesquels Medecins, Appoticaires, et Chirurgiens, pour quelque prétexte que ce soit, ne pourront manger ou dormir dans led Monastere, ny entrer dans icelluy devant le soleil levé, ny après le soleil couché, si non en cas de necessité. Et quand aux Confesseurs, ne pourront aussi entrer dans l'enclos dud Monastere, ou seroit qu'il faille administrer les saints sacrements aux Religieuses malades ; auxquels cas ils entreront avec le surpelis et l'estolle, accompagnés d'un Religieux qui ne l'abandonnera jamais, et lesquels seront conduits à la chambre de la malade par deux Religieuses des plus anciennes, lesquelles les reconduiront hors du Monastere, après avoir administré les Saints Sacrements. Inhibitions et deffances sont faites à toutes sortes de prestre et Religieux, autres que ceux de l'ordre des Cordeliers, de celebrer la sainctc Messe dans l'église du Monastere, sans notre permission ; de quoy la dame Abbesse se prendra garde, en se faisant montrer lad permission. Ne pourront les Religieuses escripre ny recepvoir aulcunes lettres sans les faire veoir à l'Abbaesse, à peyne d'estre punies à l'arbitrage de lad Abbasse ; et en cas que dans telle lettre fut trouvé quelque chose de salle et deshonneste, les Religieuses qui les auront escriptes seront punyes par la privation du voile noyr pour trois mois (1). Semblables inhibitions sont faictes à l'Abbaesse d'escripre ou recepvoir aulcunes lettres, que premièrement elle ne les aye faites veoir à la mere Vicaire, soubs les mesmes peynes pourront aussi lad Abbaesse et Religieuses recepvoir ny donner en particulier aulcuns présents, à peyne d'estre privées de parler à personne durant un moys.

Sont encore faictes inhibitions et deffances auxd Abbaesse et Relligieuses professes sortir dud Monastère, soubs quelquelque pretexte et occasion que ce soit, mesmes de mala-

(1) Voïez la lettre qui est ci-devant p. 240. Elle étoit probablement écrite à une Religieuse qui étoit dans le cas ici spécifié. » (Note de Bonnemant).

Voici cette lettre :

Lettre du Père Le Febvre Provincial des F. F. Mineurs Conventuels à une Religieuse de Ste-Claire du Couvent d'Arles. 1627.

Madame,

Vous ne debvez aucunement s'ouffrir que Monseigneur d'Arles vous oste le voile, puisque je le vous ay donné juridiquement, et en ayant le pouvoir. Il n'appartient à personne à ne l'oster qu'au Pape ; reprenez doncques le voile, et cependant j'envoyerai à Rome expressement pour informer le Pape des violences qu'on exerce injustement. Soyez constante, et dites à vos compagnes qu'elles n'ayent point de peur, car tout ce qu'on propose est supposé ; et surtout croyez que je serai tous jours

Madame

Votre tres affectionné serviteur

F. Maximilian Le Febvre Provincial

Ne manquez à reprandre le voile, car on ne peut le vous oster.

« Coppié sur l'original conservé dans les Archives de l'Archevevêché. Registre cotté *Monastère et Chapellenies* fol. 627. Cette lettre est sans date et sans adresse. On voit par son contenu que le Provincial ne parloit pas de bonne foi dans l'acte dont voïez la teneur ci devant page 229, et que les Consuls avoient raison de dire dans la requête, qui est ci-devant page 227 que les Cordeliers s'ingéroient tous les jours à vouloir reprendre l'autorité sur le Monastère de Sainte-Claire. » (Note de Bonnemant).

Communautés Séculières et Régulères de la Ville et du Diocèse d'Arles. t. II. p. 240. — Bibliothèque de la Ville d'Arles. Ms n° 160. Fonds L. Bonnemant.

die, lepre, contagion, que la cause de telle sortye soit premierement appreuvée par nous, et le Superieur de l'Ordre, ou seroit en cas de feu, peyne d'excommunication encorue tant contre celles qui sortiront, que celles qui les laisseront sortir, ceulx et celles qui les accompagneront, et recepvront, tont seculiers qu'ecclésiastiques, et mesmes les parents.

Et sy bien le principal d'une maison Religieuse est ce qui concerne le spirituel, à quoy la Supérieure doibt employer toute sorte de soing et de diligence, elle ne doit par pourtant mespriser ce qui touche le temporel et l'administration des biens, rentes, et revenus d'icelle maison, lesquels manquant ou se diminuant à faulte d'un bon regime, elles ne peuvent que souffrir des grandes incommoditéz, et se rendre incapables de faire les fonctions religieuses : à ceste cause, nous Archevesques avons ordonné qu'il sera faict un bon et fidele inventaire du fonds et revenu dud Monastere, pour estre icelluy conservé dans les Archives tant de nostre Archeveschė que des provinciaulx de l'Ordre, et lhorsque le Monastère aquerra de nouveau quelque chose, en quelque manière et façon que ce soit, l'Abbaesse sera tenue nous en advertir, pour en charger led inventaire. lesquelles rentes et revenus seront administrés par lad Abbaesse, et d'icelles rendra compte de moys en moys, ez présence des Religieuses dud Monastere à leur accoustumée, leur faisant inhibitions et deffences vendre, allienor, et permuter pour aulcune cause que ce soit aulcungs biens immeubles, si ce n'est à l'évidente utillité dudit Monastere, et de la permission des Supérieurs, gardées les formalités de droict, à peyne d'excommunication et de nullité desd allienations.

Et affin que aulcune des Relligieuses ne pretende cause d'ignorance du present reglement et ordonnances, icelles seront leues dans le reffectoir ou salle capitulaire dud Monastere une fois le moys, pour estre observées de poinct en poinct, suyvant leur forme et teneur ; après la lecture desquelles. seront conservées par lad Abbaesse, qui aura le soing de les fere lire conformement à notre dicte Ordonance,

Gasp. Arch. d'Arles, Commiss°.

Coppié sur l'original, dans les Archives de l'Archevêché Registre cotté : *Monasteres*, *Chappellenies*, fol. 312 et seqq. (1).

(1) *Communautés Séculières et Régulières de la Ville et du Diocèse d'Arles*. T. II, pp. 251—261. Bibliothèque la Ville d'Arles. — Ms n° 160. Fonds L. Bonnemant.

Requeste des Religieuses de Sainte-Claire d'Arles, à l'Archevêque, aux fins que des Religieuses de la Visitation soient établies dans leur Monastère.

A Monseigneur Illustrissime et Reverendissime Archevesque d'Arles.

Supplient humblement sœur Jeanne de Metelin, Suzanne de Manville, Jeanne de Barralier, Marie de Varye, Catherine et Emille de Varadier, Anne et Antôinette de Quiqueran et Marthe Doria, Religieuses du petit Monastère de Ste Claire dud Arles, et vous remonstrent que depuis le deceds de feu Reverende dame, Honorade de Gilles, leur Abesse, si bien par provision vous auriez establi pour supérieure tant au spirituel que temporel dame Jeanne de Metelin, Religieuse en icelluy, néantmoings, attendu ses grandes et ordinaires indispositions à raison de la faiblesse de son corps, et d'ailleurs la jeunesse et faute de suffisante expérience des autres Religieuses, les affaires dud monastère, tant au spirituel que temporel en souffrent grandement et pourroient souffrir dadvantage à l'advenir, ce qui leur faict cognoistre évidemment qu'elles ont besoing de l'aide et assistance de quelques autres dames Religieuses d'age et bien expérimentées, notamment en la vie Régulière et monastique, pour les conduire et diriger, mais d'aultant qu'en ces questions ne se trouvent aulcunes religieuses de l'ordre de Sainte Claire des Cordellières, qu'elles professent, qui soient réformées à qui elles puissent avoir recours, désireroient que les dames Religieuses de l'ordre de Ste Marie fussent appelèes dans leur Monastère, pour se soubsmettre à leur direction et conduite, de tout soubs le bon plaisir de sa Sainteté et estans au préalable deuement dispensées des Règles et Constitutions de leurd ordre, quoyque jusques à maintenant, elles ayent vescu sans en veoir aulcune, ne sçavoir exactement en quoy elles consistent.

Ce consideré, vous plaise, Monseigneur, charitablement adviser à leur humble requeste, pour y prouveoir en la meilleure forme et ainsin que sera par vous jugé estre mieux à propos, et prierons Dieu pour vostre prospérité. (Suivent les signatures).

La presente requeste sera montrée auxd dames Religieuses de Sainte Marie. pour, leur dire et déclarations veues, y prouvoir ainsi que de raison. A Arles, ce XVII novembre 1628. Gasp. Archevêque d'Arles.

(Bibl. d'Arles, ms. 160, p. 142).

Additions et Corrections

J'ai retrouvé quelques notes qui permettent de compléter les listes précédentes des dignitaires du Chapitre de la Métropole :

ARCHIDIACRE : Arnulphe de Rochemore, 6 janvier 1418-9 (A. Olivier, prot., f° 59). — En 1421, dans la G. C. N.

ARCHIPRÊTRES : Mathieu Ferrier, archidiacre de Lérida, fut nommé archiprêtre par bulles de Léon X, données à St-Pierre de Rome, le 8 février 1520-1. Il fut mis en possession, le 3 août suivant (P. Brun, Et. K., f° 55). — Sans date dans la G. C. N.

CAPISCOLS : Antoine Bernard, 7 juillet 1557 (Jacques de Rodez, f° 560). — En 1564, dans la G. C. N.

CLAVAIRES : Etienne de Villeneuve, 27 mai 1346 (V. d'Aurillac, Et., f° 92), non mentionné dans la G. C. N. — Bernard Comte paraît comme clavaire, dès le 24 mars 1354-5 (ibid. Et., f° 27). — Antoine Place était encore en fonction le 28 juin 1559 (Jean de Rodez, f° 443). — Jean Brun, 9 juin 1564 (ibid. prot., f° 502, — non mentionné dans la G. C. N.

INFIRMIERS : Bernard Comte, paraît dès le 24 mars 1364-5 (V. d'Aurillac, Et., f° 27). On le retrouve en fonction le 29 septembre 1389 (B. du Puy, Et., f° 44), non mentionné à cette dernière époque dans la G. C. N. — Hugues Rostang, 6 janvier 1418-9 (Ant. Olivier, prot., f° 59), en 1410-1417, dans la G. C. N.

OFFICIAUX : Bertrand Albani. (1) 21 avril 1289. En 1287, dans la G.C.N. — Simon Silvestre, 17 juillet 1399 (A. Olivier, prot., f° 50), non mentionné dans la G.C.N. — Jean de Puppio, prieur de *Genesteribus*, au dioc. de Narbonne était en fonction dès le 27 octobre 1444 (Arch. de Barbegal), en 1445 dans la G. C. N. — Guillaume Blégier fut institué par lettres de l'archevêque, données au Pont-de-Sorgues, le 20 décembre 1450 (P. Sauveur). — Louis Cornille fut institué par lettres de Guill. Blégier, vicaire général, du 22 mars 1466 (Pancr. Sauveur). — Jean Baston, 19 octobre 1465 (ibid.), non mentionné dans la

(1) Cf. pièce justificative VII, des Bulles.

G. C. N. — Guillaume du Puget, chanoine d'Aix, est cité comme *official* dans une bulle d'Innocent VIII, du 11 avril 1485 (P. Barbier, Et. B.), non mentionné dans la G. C. N. — Esparron Guigues (*Esperonus Guigonis*), aumônier de Saint-Victor de Marseille, était aussi vicaire général, 17 février 1505-6 (P. Brun, Et. E., f° 220), non mentionné dans la G. C. N. — Pierre Vincent fut institué official et vicaire général par lettres de l'archevêque du 6 avril 1510 (P. Brun), non mentionné dans la G. C. N. — Antoine du Chatel fut institué official et vicaire général par lettres de l'archevêque du 12 avril 1503 (P. Barbier). — Pierre de Costa, 26 août 1511 (Jean Girard, Et. A.), non mentionné dans la G. C. N. — Guillaume Girard, docteur *utriusque juris*, chanoine de St-Agricol, à Avignon, fut institué official et vicaire général par lettres de l'archevêque du 13 juillet 1515 (P. Brun, Et. F., f° 338). — Antoine Gilbert fut institué par lettres de l'archevêque, données à Salon, le 16 septembre 1516 (ibid., f° 335); puis renommé le 12 janvier 1524 (G. Mandon). — Pierre Martin paraît dans cet intervalle, le 19 février 1519 (Camaret, Et., I., f° 418), non mentionné dans la G. C. N. — Ainsi que Renaud de Richau, institué official et vicaire général par lettres de l'archevêque, données à Salon le 10 février 1521. — Claude Sigaud, 5 juin 1542 (Jean de Rodez), non mentionné dans la G. C. N.

Précenteurs : Raimond Léautaud était encore en fonction le 15 septembre 1362 (arch. de Barbegal). — Guillaume Pandrani, prêtre du diocèse du Puy, institué par lettres du vice-légat d'Avignon du 24 janvier 1549, possessionné le 25, succède à Antoine du Chatel (Jacques de Rodez, Et., f° 1), non mentionné dans la G. C. N.

Prieur Claustraux : Pierre de Gorsolis, prieur de l'église de la Major, à Arles, 23 juin 1462 (P. Sauveur), non mentionné dans la G. C. N.

Primiciers : Vincent Roussel, clerc du diocèse de Barcelone, institué par lettres de Renaud de Richaud, archidiacre et vicaire général, du 24 octobre 1521 (P. Brun, Et., K., f° 129), non mentionné dans la G. C. N.

Trésoriers : Elzéar du Bourg teste le 28 mars 1566 (Jean de Rodez, prot., f° 232), non cité dans la G. C. N. — Gaspard d'Autric était encore en fonction le 12 juin 1537 (M. Gonzon, prot. f° 238).

VESTIAIRES : Elzéar d'Autric était encore en fonction le 21 novembre 1497 (arch. dép. du Gard, E., 653).

Abbesses de Sainte-Claire.

XLII bis. Madeleine Vincent, 23 mars 1585 (Blanc).
XLII ter. Sibille de Brunet, 6 novembre 1585 (ibid.).

Je ne veux pas clôturer ces quelques pages sans exprimer à Messieurs les Archivistes des Bouches-du-Rhône et à Messieurs Granier et Martin-Raget, notaires à Arles, toute ma reconnaissance pour l'obligeance avec laquelle ils ont bien voulu faciliter mes recherches. Je les prie d'agréer mes meilleurs remerciements pour leur bienveillant concours, qui a permis d'ajouter quelques faits et quelques noms à l'histoire ecclésiastique et à la topographie de notre ville.

ERRATUM

A la page 51, les notes 1 et 2 ont été interverties.

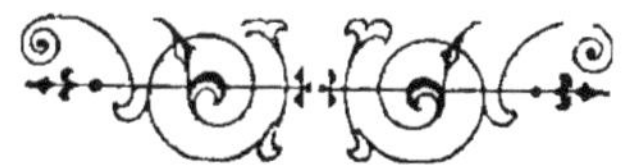

www.ingramcontent.com/pod-product-compliance
Ingram Content Group UK Ltd.
Pitfield, Milton Keynes, MK11 3LW, UK
UKHW021559260726
13993UKWH00002B/942